JN205980

ある手芸中毒者の告白

ひそかな愉しみと不安 縫い欲にまみれたその日常

グレゴリ青山

はじめに

それは2017年のこと
ふとしたきっかけで
新しいミシンを買った
それ以来
ハッと気が付くと——
昔はいていたスカートの布で作った陽よけ帽子
昔ジャンマーで買った布で作ったシャツ
時計ベルト
下着も手作り
天神市で買った布で作ったワイドパンツ
ハギレを合わせて作ったバッグ
身につけているもの ほとんど自作……
着なくなったウールのコートで作った帽子
キモノリメイクジャンパースカート
帯リメイクバッグ
古いセーターをリメイクしたくつ下はいてます

身のまわりにやけに刺繍してあるものが増えた

ハサミケース
時計ベルト
←コート
カーディガン
ミラー刺繍

そして洋服店に足を運ぶことがめっきり減り たまに行くと

なんでこんな縫うところ多い服が2900円でできるん?

ともやもやする…

そう(グ)は手芸中毒者である

この漫画はそんな手芸中毒者の日常とよろこびとそして不安を描きました

手芸好きやそうでない人も読めばムラムラと手芸がしたくなることでしょう!

ホンマか?

描きかけの漫画↓
縫いかけの刺繍↓
ミケ→

Contents

※本書は手芸Web
「ミグラテール」migrateur.jpに
2023年9月～2024年8月まで連載された
「手芸中毒」を大幅に加筆して
まとめたものです

Column

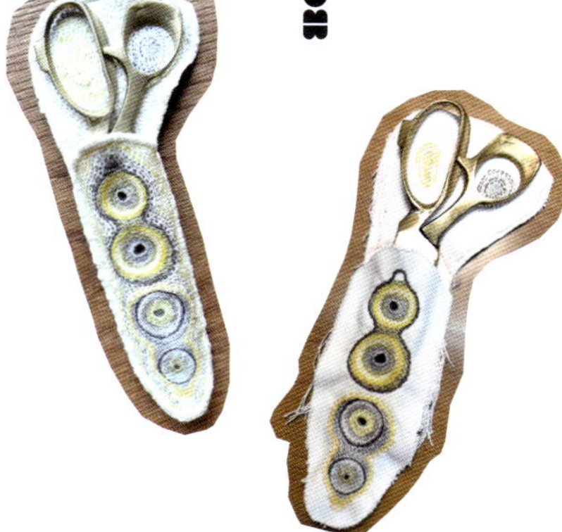

ある手芸中毒者の告白

私の名前はミケ
グレゴリ青山という漫画家の家に住んでいる
浮世絵顔
彼女は
普段、旅漫画やさんぽ漫画を描いているけど

実は──
この棚ソーイング本
スッ
裁縫箱（その1）
刺繍糸
ぎっしり
ふろしきや箱に入った布いろいろ
アイロン台
アイロン
ミシン
裁縫箱（その2）
ピクッ
手芸中毒者だ

手芸中毒者というのは
どのような者かというと―
………
ちく ちく ちく ちく ちく
………
にゃっ
ハッ
しまった
〆切り前
なのについ刺繍を…
あぁ…でも待って
この
今針に
通してる
糸が
終わるまで
縫ってしまっ…
ピッ
あっ
やめなはれ
アンタ
ホンマ
縫い欲
強いな
ミケ！
その1 縫い欲が強い
アンタが
仕事しいひん
かったら
ウチのごはんは
どーなるん
ご、ごめん
キリのいいとこまでと
思って…

〝キリのいいとこ〟まで縫ったらさらに言うんやろ
〝次のキリのいいとこまで〟って
うう…
ハイ片付けた
だいたいすぐ手の届くところに裁縫箱置くなっちゅーの
あれっ
何やったっけ？この
〝絹細糸〟って
あかピンク
むらさき
みどり
絹細糸
麻 草木染
かぱっ
あ
ヤフオクで買った細い絹糸！
鳳梨酥
Pineapple Pastry
パイナップルケーキ
安くで落とせたんよね
絹細糸
キレイよねー絹の糸って
以前クラゲブローチ作った時にこれを数本撚って
どっさり
足(?)の部分作ったんよね

この手作り糸撚り機に
フックネジ
おはし
ダンボール
絹糸数本を
ひっかけて
まわす！
くるくるくるくる
数本の絹糸がねじれて1本に
あっ
やめなはれ
ホンマ糸欲強いな
うう…
ちりちりちり
その2 糸欲が強い
ハイ片付けた
いいやんか1本ぐらい
さっさと仕事しよし
そう仕事仕事
返信しなあかんメールがあるんやった
カチ
カチカチ
カチカチ
カチカチ

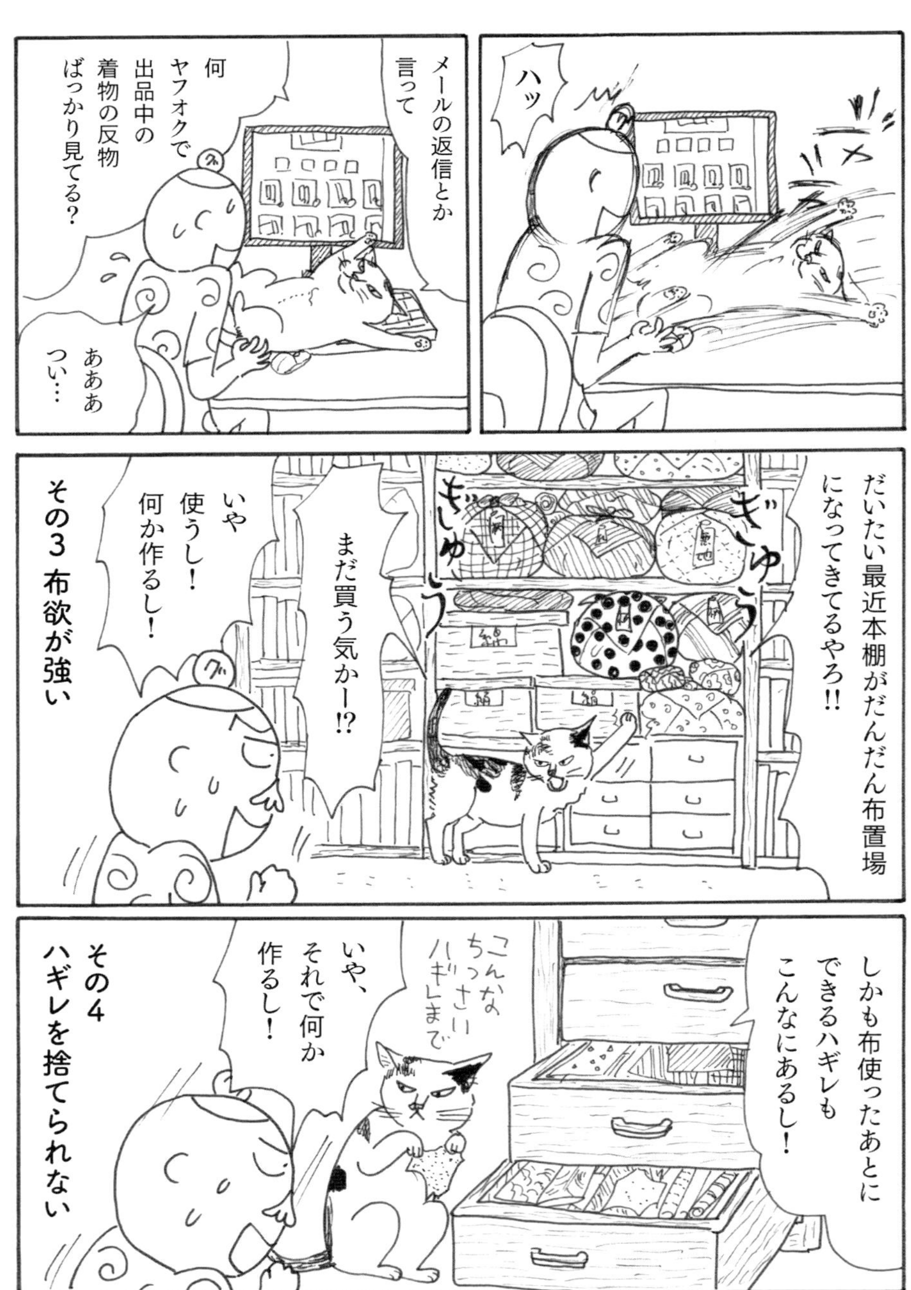
メールの返信とか
言って
何
ヤフオクで
出品中の
着物の反物
ばっかり見てる?
あああ
つい…
ハッ
だいたい最近本棚がだんだん布置場
になってきてるやろ!!
ぎゅう
ぎゅう
まだ買う気かー!?
いや
使うし!
何か作るし!
その3 布欲が強い
しかも布使ったあとに
できるハギレも
こんなにあるし!
こんな
ちっさい
ハギレまで
いや、
それで何か
作るし!
その4
ハギレを捨てられない

ホラ、この布と
この布
合わせて
バッグ
作ったら
かわいく
ない？
うん
これはかわいいわ
ーって
作ろうとする
なーッ
仕事しろーッ
ニャ
チョキ
その5
ハギレを見るとムラムラする
カリ
カリ
カリ
チラ
ふう…
カリ…
ずらり
キモノリメイク
カンタンソーイング
着物リメイク
この前
ヤフオクで
ウールの
着物の
反物
6本も
買ったんよね
パラ
パラ
パラ
今年は
コート
作って
みたいな
ふふふ
パシッ
……
……
その6
常に何か作りたくてウズウズしている

アンタ…
仕事では10分と集中力もたへんのに――
なんで縫いものしてる時は
えっもうこんな時間？
ハッ
やれやれ
WC
あああ
時間と尿意を忘れられるんや
だって…
ううう
グ
だって…
……
描くより縫う方が好きやし♡
えへ♡
コラ
ツッ
正直に告白すなーッ
グ
それにな今度手芸漫画描くことになったし
やっぱり縫わんことには描けへんやん困ったわあ
顔が全然困ってへんで
そんなワケで手芸中毒者による手芸漫画始まります！

ミケ(♀)

年齢不詳
近所でおなかを
すかせてさまよって
いたのを保護
人には慣れるけど
猫には慣れない

先住猫と
仲良くなる気は
いっさいない

ある手芸中毒者の休日 その1

グが服を作る時
参考にするのは実物大の
型紙も付いている
いわゆる〝ソーイング本〟
B5サイズの大きめの本が多い

これを見ていつも思うのが
う〜ん

この服の出来上り写真
たいてい1枚か2枚
ぐらい
なんよね
正面は
もちろん
せめて
横
うしろ
手や足を上げている
写真を
載せてほしいわ…

この前フレンチスリーブのシャツを
型紙通り作ったら――
やだ
ワキ
開き
すぎ!
ちち見えそう〜
←誰?
――なんてことがあったのだ

それに時々その1枚きりの写真でさえ
エリもと見えないポーズ→
オシャレな手ブレ写真↓
ぼんやーり
わからんがな!!
ということがある

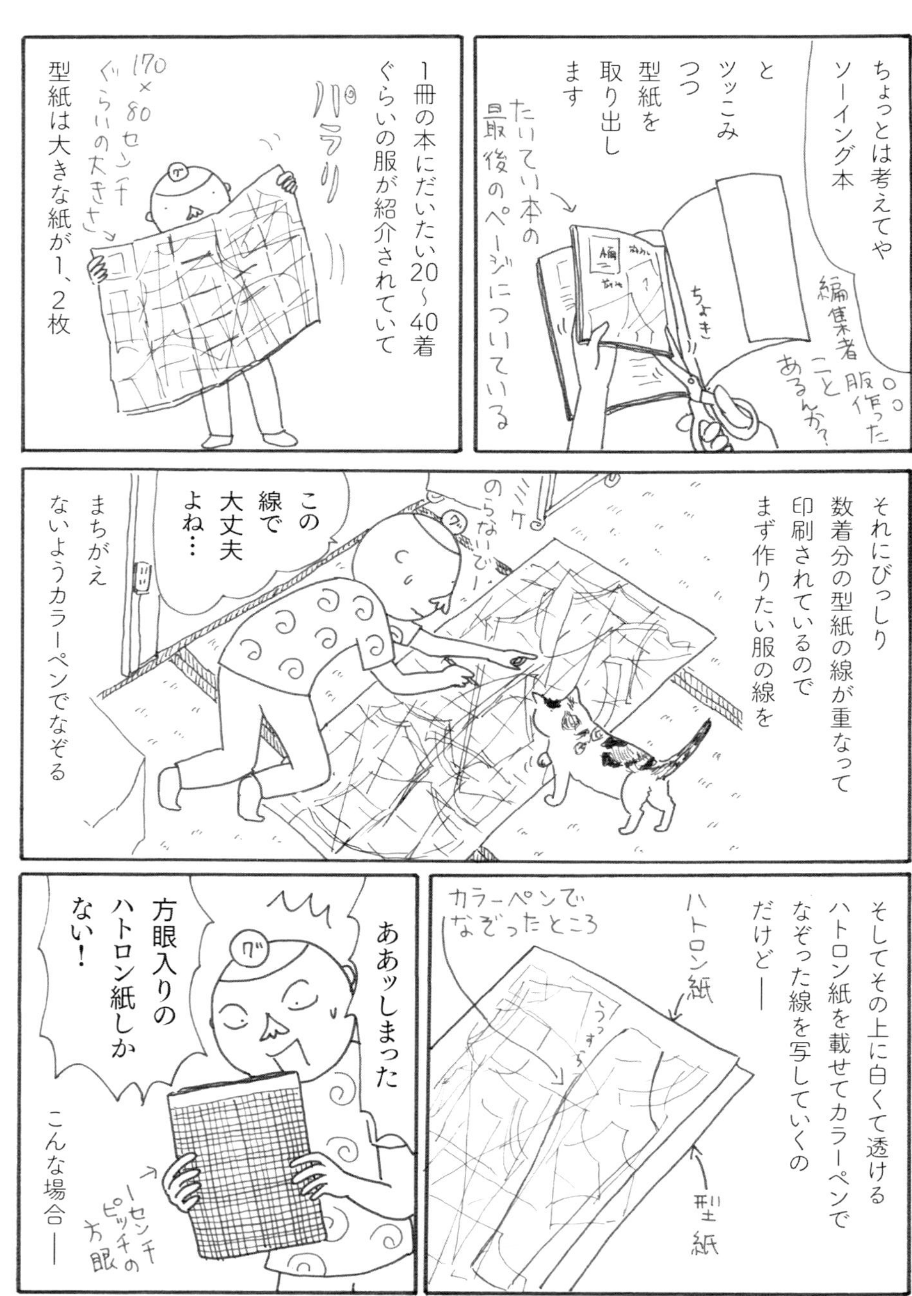

ちょっとは考えてや
ソーイング本
編集者
服作ったことあるんか??
と
ツッこみ
つつ
型紙を
取り出し
ます
ちょき
たいてい本の
最後のページについている
1冊の本にだいたい20～40着
ぐらいの服が紹介されていて
パラリ
170×80センチ
ぐらいの大きさ
型紙は大きな紙が1、2枚
それにびっしり
数着分の型紙の線が重なって
印刷されているので
まず作りたい服の線を
ミケ
のらないで!
この
線で
大丈夫
よね…
まちがえ
ないようカラーペンでなぞる
そしてその上に白くて透ける
ハトロン紙を載せてカラーペンで
なぞった線を写していくの
だけど――
ハトロン紙
カラーペンで
なぞったところ
うっすら
型紙
ああッしまった
方眼入りの
ハトロン紙しか
ない!
1センチ
ピッチの
方眼
こんな場合――

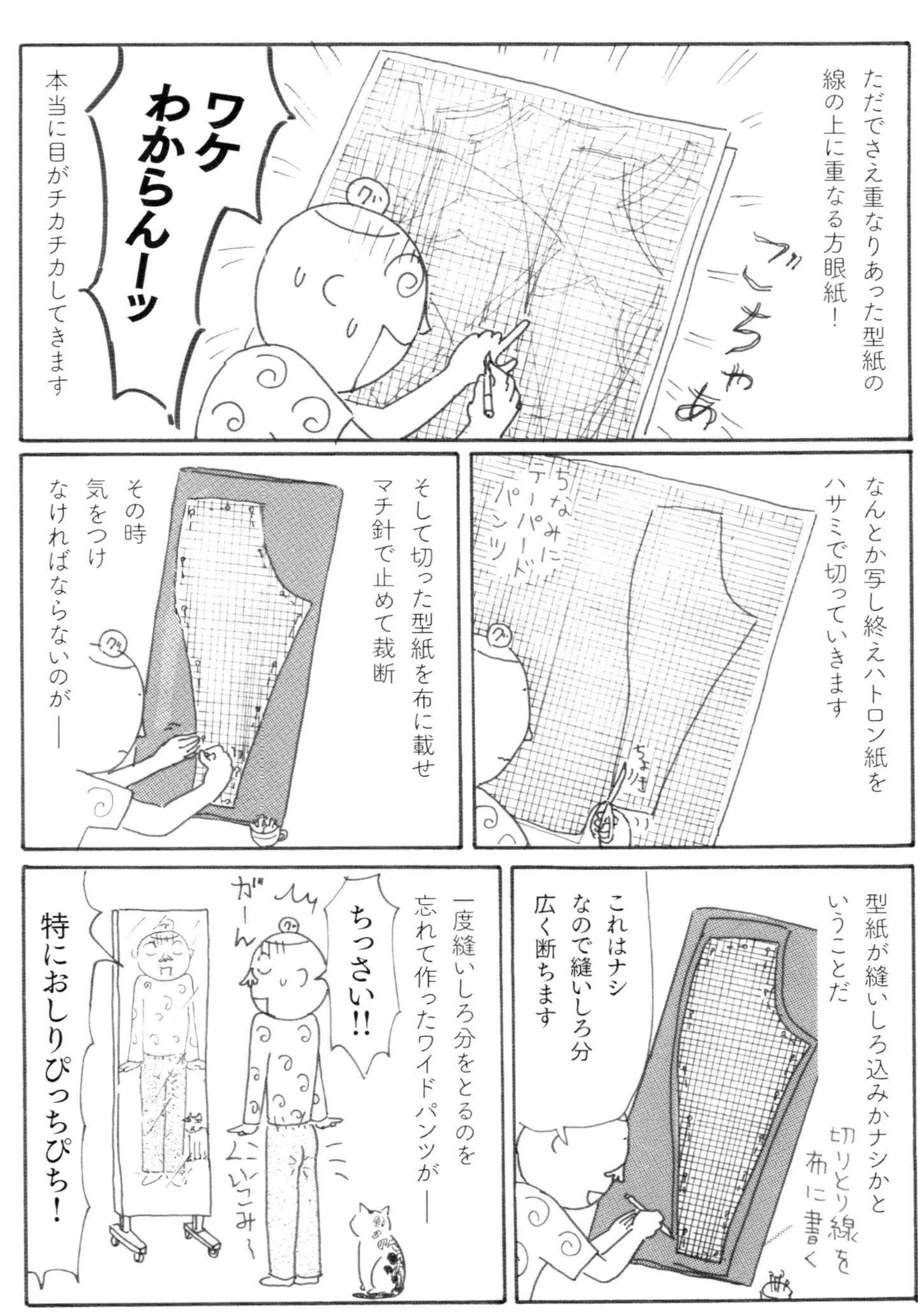
ただでさえ重なりあった型紙の
線の上に重なる方眼紙!
ごちゃあ
ワケ
わからんーッ
本当に目がチカチカしてきます
なんとか写し終えハトロン紙を
ハサミで切っていきます
ちなみにテーパードパンツ
ちょき
そして切った型紙を布に載せ
マチ針で止めて裁断
その時
気をつけ
なければならないのが――
型紙が縫いしろ込みかナシかと
いうことだ
これはナシ
なので縫いしろ分
広く断ちます
切りとり線を
布に書く
一度縫いしろ分をとるのを
忘れて作ったワイドパンツが――
がーん
ちっさい!!
くいこみ~
特におしりぴっちぴち!

写真のモデルさんと全然
ちがう!!
もっさり
ふんわり
いやそれは縫いしろ分
だけの問題と
ちがうと思うで
せやねん
ははっ
ソーイング本で
服作る人の何割が
小顔で長身
やっちゅーの
作ったあとのギャップ
考えろって
ソー
イング本の
モデルは中肉中背
ぐらいにして!!
―なんてことがあったっけ
そうそう
ちなみ
に布に
ペンを
入れる
時は
こすると消える
フリクションペンを使ってます
このペンで書いたところに
アイロンをあてると
きれい
さっぱり消えるのだ
パ

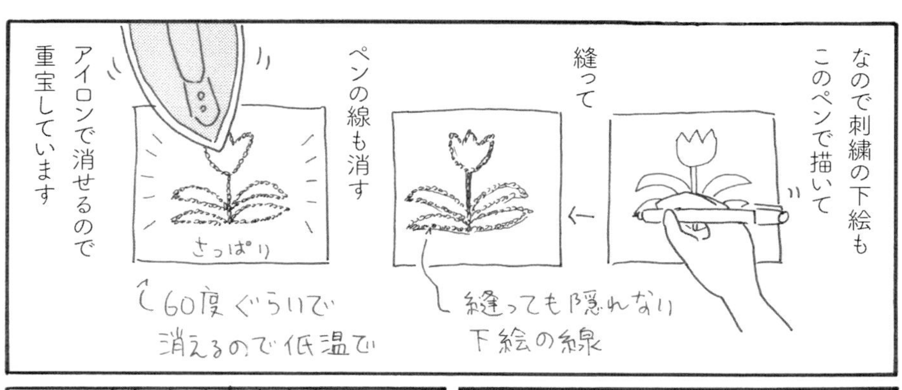
なので刺繍の下絵も
このペンで描いて
縫って
ペンの線も消す
アイロンで消せるので
重宝しています
さっぱり
縫っても隠れない
下絵の線
60度ぐらいで
消えるので低温で

それからパンツを作る時に
気を付けるのが
よーく
注意して
右足左足のパーツを作って
合わせること

一度まちがって
ああーッ
左足二本
縫ってたー!!
なんてことが
ありました

そう"服を作る"というと
せっせとミシンを動かすという
イメージがあるけれど――

実際は型紙をとり布を裁断し
パーツをちゃんと合わせるのに
時間がかかるのだ
まちがって
縫うと
さらに
時間かかり
ます～
ブチ
ブチ
結局縫った
左足ほどく…

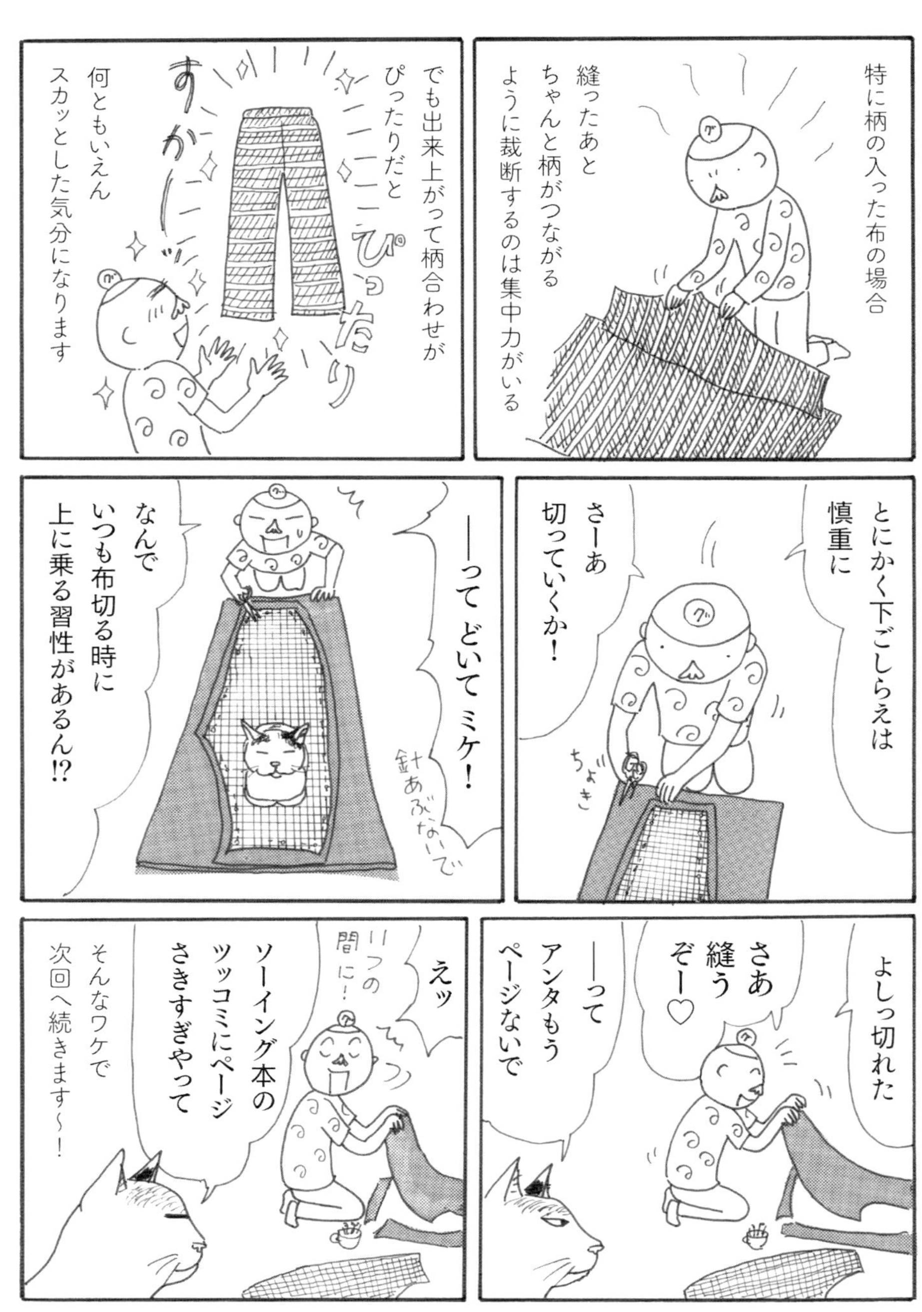
特に柄の入った布の場合
縫ったあと
ちゃんと柄がつながる
ように裁断するのは集中力がいる
でも出来上がって柄合わせが
ぴったりだと
すかーーっ
ぴったり
何ともいえん
スカッとした気分になります
とにかく下ごしらえは
慎重に
さーあ
切っていくか!
ちょき
ーって どいて ミケ!
針あぶないで
なんで
いつも布切る時に
上に乗る習性があるん!?
よしっ切れた
さあ
縫う
ぞーー♡
ーって
アンタもう
ページないで
えッ
いつの間に!
ソーイング本の
ツッコミにページ
さきすぎやって
そんなワケで
次回へ続きます~!

型紙を広げたらとりあえず猫は乗ります

ある手芸中毒者の休日 その2

イギリス全土から集められた裁縫自慢たちが腕を競い
チャンピオンの座を目指すという内容で
出演者みんなめっちゃ個性的
第1回の優勝者はなんと80すぎのご婦人
アン
イギリス陸軍の中佐
ガっしり
ニール
同性のパートナーがいることは普通にサラリと紹介される
ボクのパートナーは
マット
アジア系やアフリカ系の人も多い
パキスタン系のアディーナ
小学校の先生のジュリエット
40年代のおしゃれオタク
クレア
手芸中毒者はときめかずにはいられない番組なのだ
毎回3つの課題
① 型紙通りに作る課題
ブラジャーやスニーカーの時も
② リメイクの課題
スーツやウェディングドレスが大変身
この課題好き〜
③ モデルに着せての課題
子供がモデルの時も
わくわく
あまりにおもしろいので
あああダメ
あせって針に糸が通せないわ
ウソでしょーハサミがない!
さっきまで使ってたのに
作業中になぜかハサミが行方不明になる怪現象は世界共通ね
自分の裁縫時の脳内が日本語吹き替え調になってしまうのだ
そして時々——
やあグレゴリ

順調かい?
ハーイ グトリック
あらこの生地 ずいぶん地味ね
グズメ!
脳内審査員も登場する
この生地 日暮里のトマトで1m 200円だったんです
まあ あなたの好きなお店ね
ええ 特に格安布コーナーが
この無難な色は何にでも合わせやすい
ビンボー症の君らしい選択だ
ええ どうも
あと1時間よーッ
えー うっそ やばーい
脳内司会者も登場します
初代
グレゴリはポケット付けに苦戦中!
ポケットをつけるのは初めて?
ええ 布を貼るタイプのはあるのだけど横から手を入れるタイプは初めて

ここを縫ったあとは
……
〝ポケット
袋布の
縫い代を
折りしつけを
かける〟
え〜
どうしたの？
しつけかけるの
めんどくさいし
マチ針だけで
ええわ
あなたったら
ズボラかます時は
ナチュラルに
関西弁なのね
あと30分
だヨ〜
よしっ
前ズボンと
後ズボンを
縫い合わせ
られたわ
左右とも！
二代目
そしたら片足を表に返して
もう
一方の
足に
入れて…
入れ
ちゃうんだ
ええそうよ こんな風に重ねて
縫い合わせるの
後パンツ（裏）
前パンツ（裏）
縫う（あとでジグザグミシンもかける）
脇を合わせる
えー 大丈夫なの？
ええ私
これが
縫い
あがる
時が
一番好き
ガガ
ガガ
ガガ
どうして？
縫い終わるまで
待ってて

ガガガガ
ガガガ
ガガガ
ガガガ
ガガガ
ガガガ
ガガガ
ガガガ
ガガ
ガガ…
さーあ
縫えたわ！
——と思ったら
下糸終わったん
気付かんと
縫ってたーッ
ここで下糸終わった
下糸なくなったら
なくなったって
ゆうて！
下糸巻いてます
ぎゅるる〜
最近下糸
終わったら
合図する
ミシン
あるそう
だョ〜
ミシンに
ツッコむ時も
ナチュラル関西弁なんだねー
よしっ 今度こそ縫えた！
見てー
ジグザグ
ミシンも
かけたー
さーあ
中に入れた片足を
取り出せば……
にょろ〜

ほ～ら ズボンになった
気もちいい～
わーお
さーあ あとはベルトをつけて
ゴムを通してスソを縫うだけよ
そうがんばってネ
あと10分よー
ベルト部分を付けられた！
ゴムを通さなくちゃ
三代目
わーお グレゴリそれはなあに？
これは日本のさいばしという長いおはし
これにゴムをつなぐの
今までいろんなゴム通しを使ってきたけど
ヘアピン
市販のゴム直し
という事故多発
ズボッ
ギャー途中でゴム抜けたーッ
ところがこのさいばしのヒモにゴムを結んでベルトに通すと
アッという間に開通するの！
ゴム結ぶ
「すてきにソーイング」で洋輔さんが紹介してたの
ぐいぐい
ナイスアイデア

よーし
出て
きた…
プチッ
ぐりぐり
……………
※
ヒモには
しっかり
ゴムを
結びましょう
ハイ 終了よー
マネキンに
服を着せてー
できたー!
マネキンは
ないので
ハンガーに↓
うーむ これは… 実に無難な
テーパード
パンツ
だ
あらこの
ポケット縫えてない
部分がある
ええ失敗
して…
けど大丈夫だ 誰もポケットを
じっくり見る者など
いない
ハイ
授業でも
番組でも
ないし順位を
決められる
こともないわ
ハイ~♡
手芸中毒者の休日─
イエ~イ
本日の優秀
作品~♡
いや まあ
優秀とは
いわん
けど
自分にはとっても甘い
〝ソーイング・グー〟の1日であった
くんくん

消える現象

ソーイング中
あれ？ない
ハサミどこ？
なぜか
ここ一番必要な時に
あれ？
ソデ部分の型紙どこ？
必要なモノが消える怪現象
㋖はひそかにこう呼んでいる
かーッまたか
神かくし！
神に失礼やろ
自分のせいやろ

ゴム通し

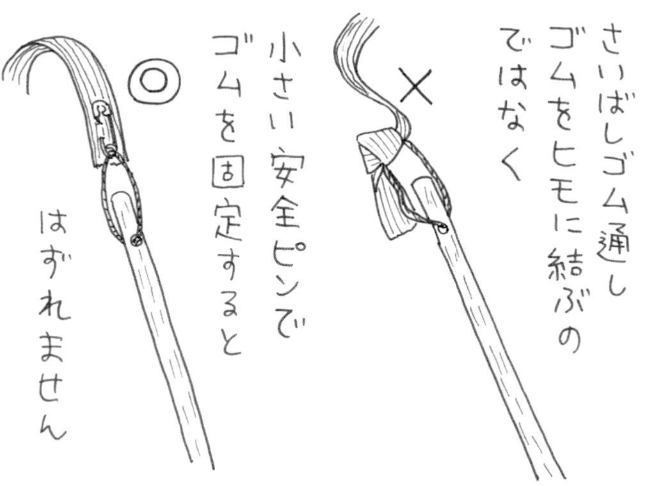

太いゴムを通す時はこのクロバーのゴム通しを愛用しています

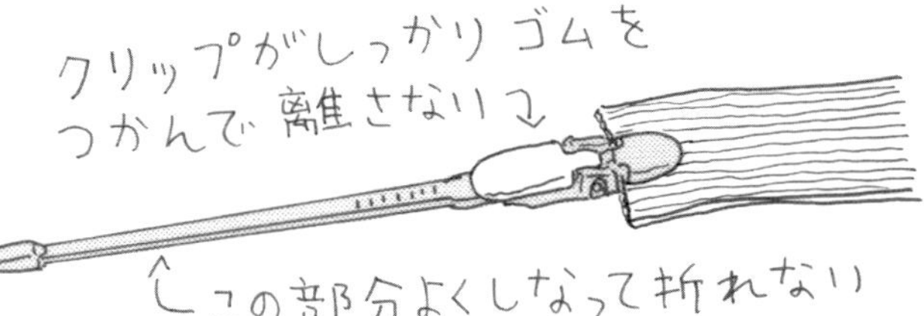

糸通し

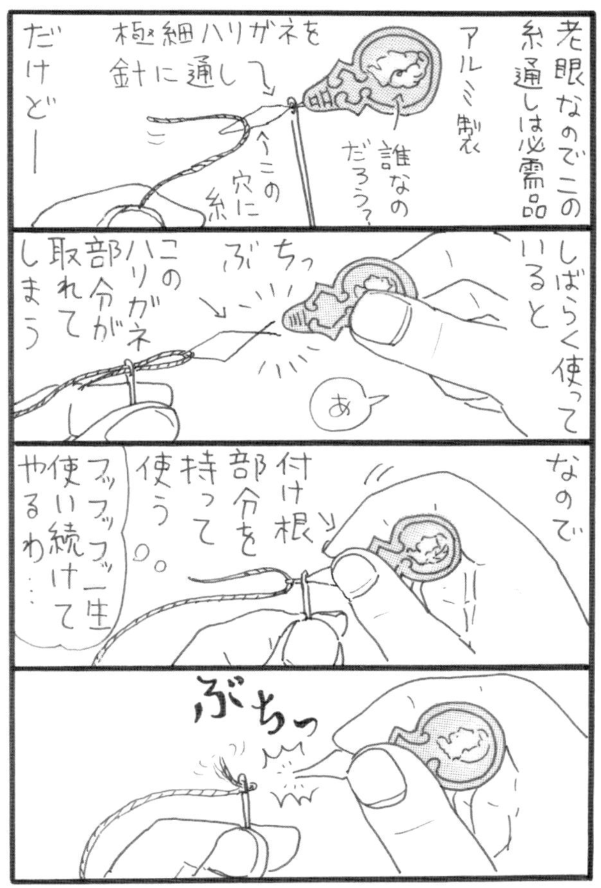

老眼なのでこの糸通しは必需品
アルミ製
誰なのだろう?
極細ハリガネを針に通し
この穴に糸
だけどー
しばらく使っていると
ぶちっ
あ
このハリガネ部分が取れてしまう
なので
付け根部分を持って使う。。
ブッブッ一生使い続けてやるわ・・・
ぶちっ

手芸中毒者への道 その1

ええ ひとことで言って

貧乏性…

ですわ

ホホホホホ

何そのことばとカッコのギャップ…

ええまあ 話がビンボーくさいんで
ホホホ
せめてカッコだけでもと思って
ボリウッドセレブ風なの
で話は？

ええ… それは数年前
着なくなった服を処分しようとした時でした… かなり処分したのですが…

どうしても捨てられない服がありました
エリやソデがすり切れた藍染めのチャイナジャケット

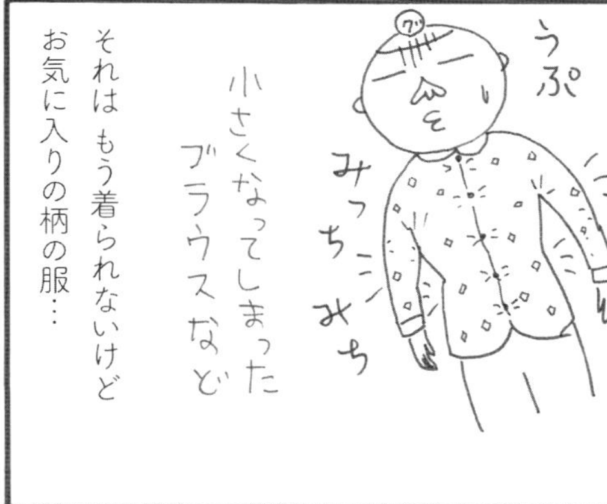
うぷ
みっちみち
小さくなってしまったブラウスなど
それはもう着られないけどお気に入りの柄の服…

そして母からもらったけど丈が短くて着られない着物（そもそも着付けもできない）
うーん
これは捨てられんよな〜

だからこれを使って何か作ればいいと思ったの
なるほどもったいないと思ったワケや
ええ でもミシンが壊れていて…

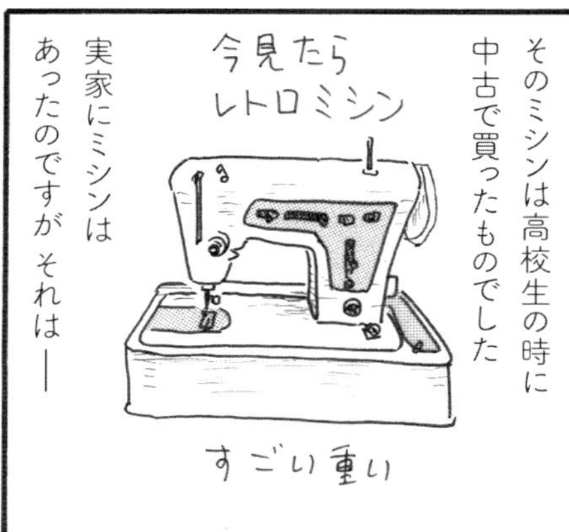

そのミシンは高校生の時に中古で買ったものでした
今見たらレトロミシン
すごい重い
実家にミシンはあったのですがそれは—

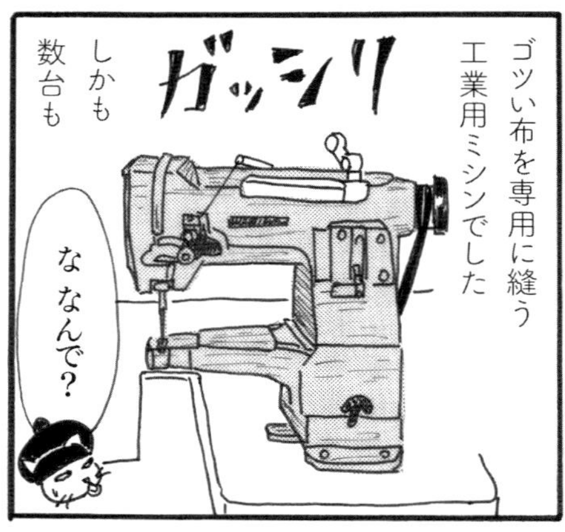

ゴツい布を専用に縫う工業用ミシンでした
ガッシリ
しかも数台も
ななんで？

実は家業がバッグ製造業だったのです
ガガガガガ
ガガ
縫ってつながったバッグの糸切り
たまに手伝わされてた
プチプチ
ガガガ
父
ガガガガ
モノ心ついた時からミシンは身近にありました

中学生の時自分でポーチやペンケースを作るのが流行って
ペンケースつくるし何か布ちょーだい
ミシンどーやって動かすん？
母
母に教えてもらいながら作ったペンケースは
ガガガ
ガガガ
ファスナーはこうやって
そうそう

しっかりした合皮の本格派!!
ガッシリ

ちゃうねん
ちゃうねん
クラスで
流行ってるん
こういうのと
ちゃうねんー
あああ
はあ?

当時中学生が好んで使っていた
のはフェルトやファンシーな
キルティング
きんちゃくポーチ
フェルトのアップリケ
LOVE

あーフェルトといえば…
当時
フェルトで
マスコット人形
作るん流行って
たなあ…
ふーん

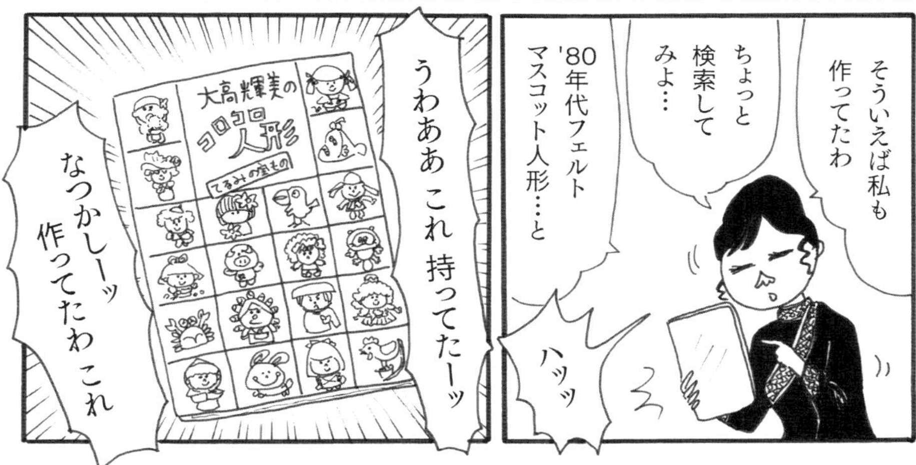
そういえば私も
作ってたわ
ちょっと
検索して
みよ…
'80年代フェルト
マスコット人形…と
ハッッ
うわあああ これ 持ってたーッ
なつかしーッ
作ってたわ これ
大高輝美の
コロコロ人形
てるみの宝もの

あああ 思い出した
これ見て自分で
アレンジして
金田一耕助
人形作ったーッ
横溝正史大好きやった〜
へーかわいいやん
しかもそれ
横溝正史に
送ったーッ
ぎゃー
角川文庫あてに
ええええ…
そう…
確か先生
その年に
亡くなられた
のよねえ…
ちゃんとお手元に
届いたかしら?
私の初めての
男子への手作り
プレゼント…
男子て…
いや〜それにしても
大高
輝美さんの
フェルト
マスコットって
大流行してた
のねえ
わーインタビュー記事がある
へー何冊もミリオンセラーに
うわー作ったわ
この
ぶたさん
とか
へびさん
とか
ウチらの
世代の
手芸好きの
ほとんどが
通ってきた
道かもしれんな…
ハァ〜
——で
ミシンは?

特にお気に入りはオードリー・ヘプバーン

あああ 私オードリーに なる〜〜〜！

Audrey Hepburn

と無茶なことを思って買ったのが

その5000円の中古ミシン
これで
オードリー
の着てた
ワンピースや
スカート
作るーッ
お母ちゃん
教えてーッ
布も買った！
バイトして何買ったかと思えば…
母
←母は昔洋裁学校に通ってた
'80年代はオードリーが着ていたような洋服は売っていなかったのだ
ぶりっ子的なのとか
ボンタン←
ヤンキー的なの
――で作ったところが…
違うな…
なんかもう
根本的に…
ひゅ
自分はオードリーではないことを思い知らされる…
けれど
いや～
なつかしいわァ
若い頃流行ったわ
そういうスカート
ど～も
一部友達の母などには好評…
そんなワケでいったんその中古ミシンはホコリをかぶるのですが
このあと
華麗に(?)
復活するのです
えっまだこの
話続くん？

高校生の時に5000円で買った中古ミシン
買った当初から調子のいい日と悪い日があった
今のミシンと比べるとめちゃくちゃ重い
新しいミシンを買った時にミシン屋さんに引き取ってもらった
ちょっとさみしかった

手芸中毒者への道 その2

中学生の時はフェルト人形を作り
「大高輝美のコロコロ人形」を参考に
大高輝美のコロコロ人形
なつかしくつい復刻新版買ったわ
高校生の時は中古でミシンを買い
重い…
ずしっ
体重もな
カバー付き
オードリー・ヘプバーン風のお洋服を作ったわたくしでしたが
その後バックパックをかついで
アジア旅行に夢中になったり
夫のヨコチン
結婚して東京にひっこしたりして
みかん
冬物
ミシンは実家でホコリをかぶっていました
ところが――ふと入った布地店で
へー1m280円
久々に何か作ってみよかな
ふと布地を買い
ミシンを送ってもらい
どんっ
今日はもう腰と肩めっちゃ痛いわ
ごめーん
宅急便
簡単なワンピースやパンツを作ったところ
久々〜
ががががが
その1カ月後…

ガガガガガガ
あはは
あはは
ガガガガガガ
ガチャ
ただいまー
ああれ ごはんは?
生活に支障が出るほどの"貧乏性性ハギレ消化症候群"にかかっていました
パッチワークの電気カーペットカバー
貧乏性性ハギレ消化症候群?
まあアンタ見てたらだいたいわかるけど…
ええ それは最初に買った布が原因でした
服を作ったあとのハギレがもったいなくて…
そや! 着ない服切ってパッチワークにしよ
ざぶとんカバーできたー♡
でもハギレっていうのは何かを作れば作るほどたまっていくのです
またハギレできたな…
新しいざぶとん買うか…
この時点で何かおかしい
だけど使わないからといってそのまま捨ててもいいものでしょうか?
使わない
使う
使わない
使う
使う
使わない
使わない
使わない
使う

わたくしには聞こえるのです
使ってぇ
縫ってぇ
切られっぱなしのままはいやー
縫ってぇぇ
使われていない布たちの魂の声が!
それ貧乏性の人間にだけ聞こえる幻聴とちゃうん
その時はもはや何かを作るためでなくハギレを消化せねばという強迫観念にとらわれてました
でどうなったん?
封印しましたハギレの山をまとめて押し入れの奥へ!
へぇーよく決心できたな
ええそれというのも――
デフレのせいです!
デデフレ?
そう
ハギレ消化症候群でフラフラになっている時 商店街を歩いてたら
ふとん店でパッチワークの電気カーペットカバーが売られていたのです
ざぶとんセール
スーパー
ん?

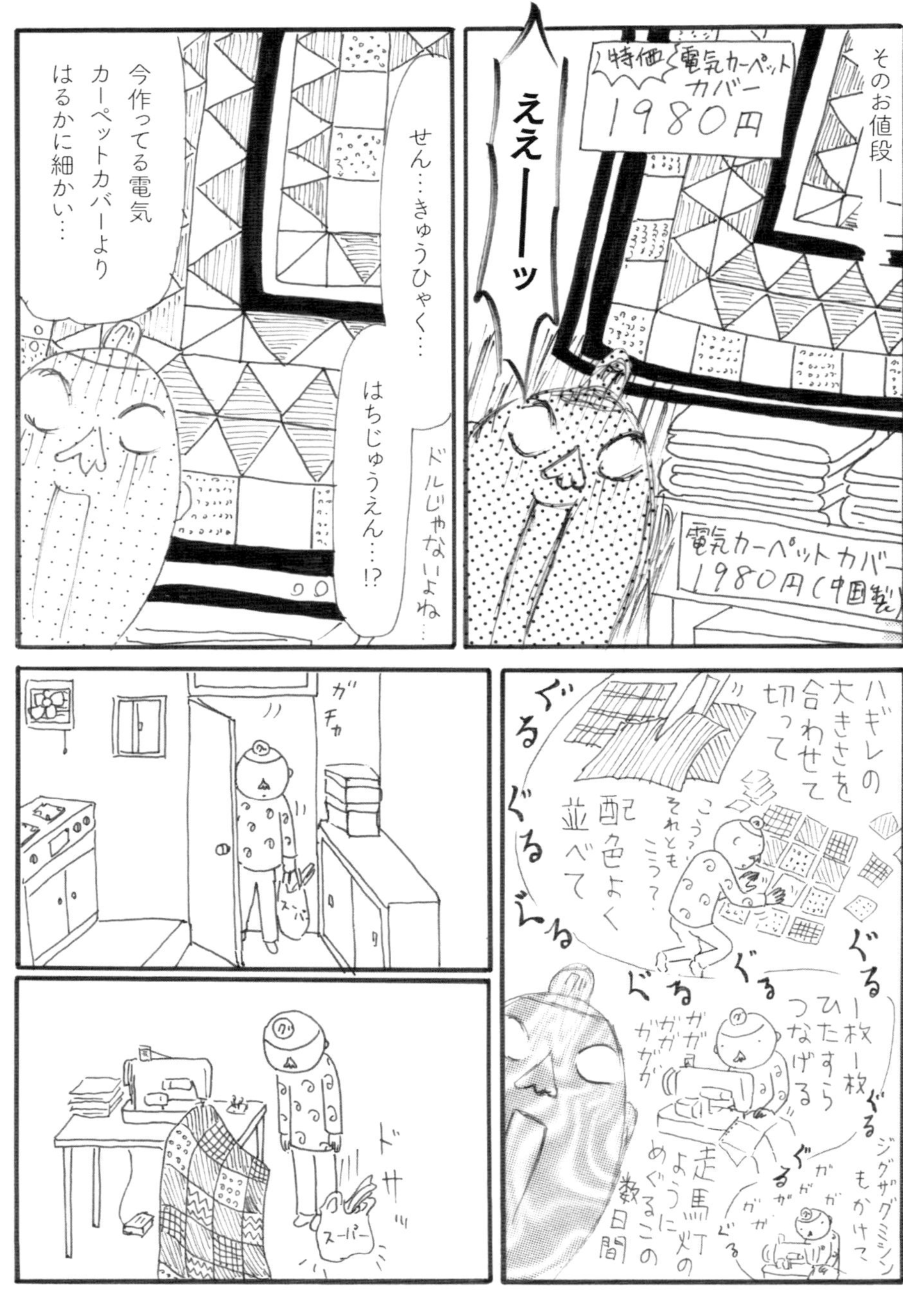
そのお値段ーーー
特価 電気カーペットカバー 1980円
えぇーーーッ
電気カーペットカバー 1980円(中国製)
せん…きゅうひゃく…
はちじゅうえん…!?
ドルじゃないよね…
今作ってる電気カーペットカバーよりはるかに細かい…
ハギレの大きさを合わせて切って
こう?それともこう?
配色よく並べて
ぐるぐるぐるぐる
ぐるぐるぐるぐる
1枚1枚ひたすらつなげる
ガガガガガガガガ
ジグザグミシンもかけて
ガガガガガ
ぐるぐるぐる
走馬灯のようにめぐるこの数日間
ガチャ
スーパー
ドサッ
スーパー

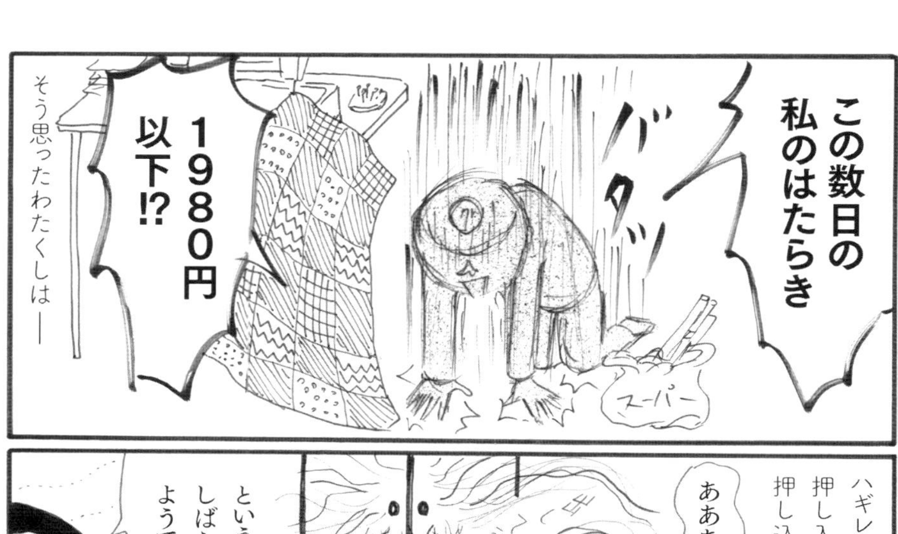
この数日の
私のはたらき
バタッ
スーパー
1980円
以下!?
そう思ったわたくしは——

ハギレの山とミシンを
押し入れの奥へと
押し込みましたが
あああ
許してぇ
縫ってぇ
使ってぇ
という声が
しばらく聞こえる
ようでした…

ハギレは押し入れに
しまっただけで
捨てはしなかった
のね
ええ…でも
それから
数回ひっこして
いつの間にか
そのハギレは消え
ミシンも故障して
しまいました…
そして数年前 着なく
なった服を整理した際
どうしても捨てられ
なかった服や着物を
見ていたら
バックパッカー
時代に買った
アジアの布
つい新しい
ミシンを手に入れ——

アッという間に
あはははははは
ガガガガガガガガガ
貧乏性性ハギレ消化症候群 発症…
あははは あはは はは
——ということで今にいたっております
ああでも…
捨てるはずだったものを
新たに蘇らせること…
着なくなった服が
手甲や
バッグとして役立つ！
冷え症で冬はこれがないと仕事できない
これを快感と呼ばずに何と言えばいいの？
まあ貧乏性にとってはさぞ気持ちいいんやろな
ええ本当に
でも敵は相変わらずなんです
敵？
ある時友だちにこう聞いてみたのです
なあ見てこれ着物の布でブックカバー作ってん
いくらやったら買う？
うーん
せやなあ…
ドキドキ
300円？
手芸の敵はデフレである
続くんや…
この話続きます

たまに崩れ落ちる
ねんな…

絹・ウール・無地・柄などなど
一応種類ごとに
ふろしきに巻いて保存

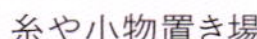
糸や小物置き場

捨てずにおいた菓子箱が
ピッタリサイズだとヘンにうれしい

※裁断のときは縫いしろ分をとるのを忘れないで!

ぴち
ぴっち
中にはおしりが
ぴっちぴちなものもあります
全部ウエストゴム！
ラクよー
作りまくりー

貧乏性性(しょう)
ハギレ消化
症候群の
悦び①

着なくなった服を リメイク

かなり昔に買ったコートと
革のジャケットの布を使って
リュックサックを作りました

↓

パーツも多く手間もかかったけど
ふにゃっとなって使いにくいです。
まあそういうこともあります

着古したりサイズが小さくなったブラウスを
バッグや手甲（てっこう）、ブックカバーにリメイクしました

Rem

Column

貧乏性性（しょう）ハギレ消化症候群の悦び②

300円と言わないで

ブックカバーは小さなハギレを消化できるアイテムです

ake

貧乏性性（しょう）
ハギレ消化
症候群の
悦び③

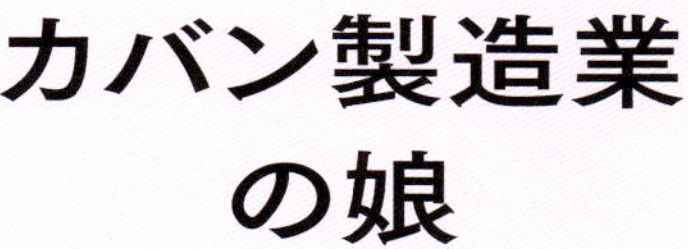

カバン製造業の娘

カバンもまた小さなハギレを消化できるアイテム。作ったらよくプレゼントにしています

Column

復刻版が出た「大高輝美のコロコロ人形」(ブティック社)。
思わず買うとついムラムラと
中学生の時にアレンジして作った
金田一耕助人形を再現してみました

ン10年ぶりに作ってみた

金田一耕助バラバラ事件

久々に作って思った。
よーがんばって作ったな
中学生の時の自分！と。
あの時より手芸スキルが上がった
今の自分でもまる1日かかった。
人形もかわいいけど
ちまちまとがんばって作り上げる
当時の女の子たちの姿を想像すると
愛おしくてなりません

最近洋服のタグに“日本製”の文字をめったに見かけなくなりました…

手芸と経済 その1

ハギレにとどまらず

う…ふふふふ

いつか
何かに
してあげる
からね

待っててね

うふふふ

アンタ
なんかこわいで

アンティークの着物や
反物を買ってまでリメイクするようになっていた

そしていろいろ作っているうちに——
いえーい
母の着物でメッセンジャーバッグ完成！
ギラーン
これ
側面のポケットに水筒や折りたたみ傘が入るの♡
べんりー
ふふ
ふふふ…
……
……こーゆーの
ぎらぎら
売って仕事にならへんか？
という野望が生まれ出してきたのです…
オイオイオイ
アンタには漫画の仕事があるやろ
漫画家なんて浮草稼業いつ仕事がなくなるかわからんやん！
まあそらそうやけど…
でな前回描いたやろ作ったブックカバーを友達に見せてこれいくらやったら買う？って聞いたら——

300円?
——って言われてしまったこと

まあな…ブックカバー
今日び
100円
均一でも
売ってるわな…
これ自分の古着で
ほとんど原価タダやし…

でもこれ作るために
型紙作って
試作
して
微調整して
このヒモ
ちょっと
ずらしてみよ
布を選んで
これ
と
これ
合わせて
裏地は
これで
縫って…
ガガガガ
ガガガガ
とけっこう
時間がかかってるの…

でもこれ作ってる
時は楽しかった
んやろ
え
あうん
楽し
かったで

楽しくて自分の古着でブックカバーができたんやったらそれでいいやん
そそうか…
なるほど
……
ん？
――って
それじゃ仕事にならんのよ…
ずーん
あきらめきれなかったわたくしは――
せや 最近はハンドメイド販売サイトがいろいろあるんよね
わー いろいろ売ってる
とのぞいてみたところ――
ブックカバーいろいろあるな…
紙製とか革製とか
わー これ布製で裏地もついて450円？これなんか手刺繍入りで1500円？
えー
おー キモノリメイクもいっぱいある え？こんな細かいパッチワークのバッグが3500円？こんな手間のかかってるコートが5000円!?

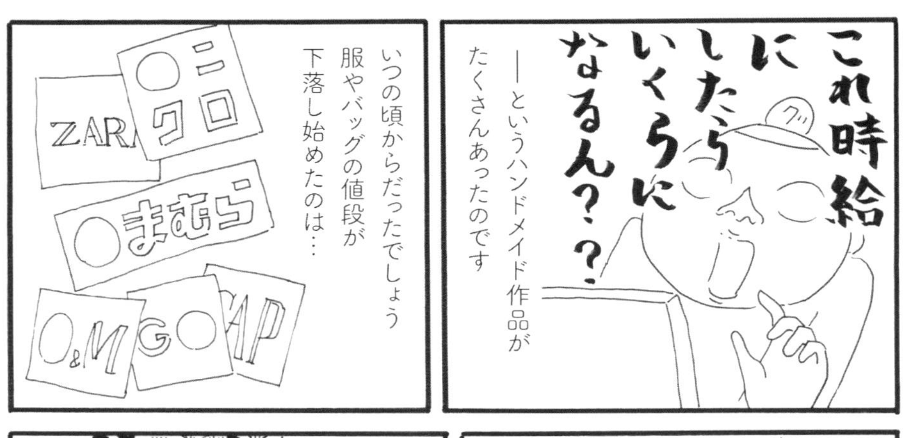
これ時給にしたらいくらになるん??
グッ
――というハンドメイド作品がたくさんあったのです
いつの頃からだったでしょう
服やバッグの値段が
下落し始めたのは…
ZARA
〇ニクロ
〇まむら
〇&M
G〇
〇AP

高校生の頃、〇・ヘップバーン風（オードリー）
お洋服を作った'80年代は
布買って作ったら安くで服ができるな
と思ったのを覚えている
N ノムラテーラー

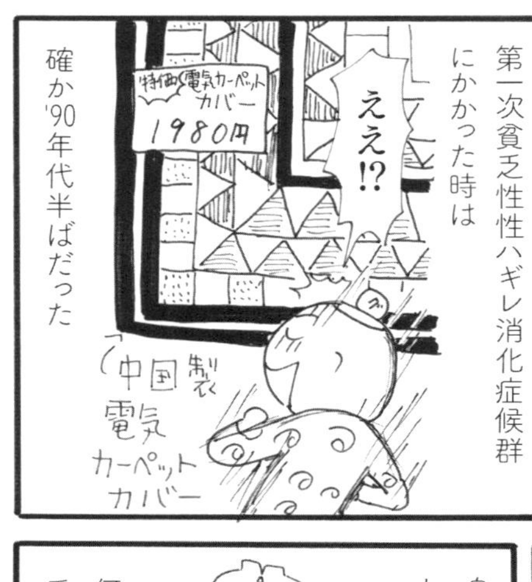
第一次貧乏性性ハギレ消化症候群にかかった時は
特価電気カーペットカバー
1980円
ええ!?
中国製電気カーペットカバー
確か'90年代半ばだった

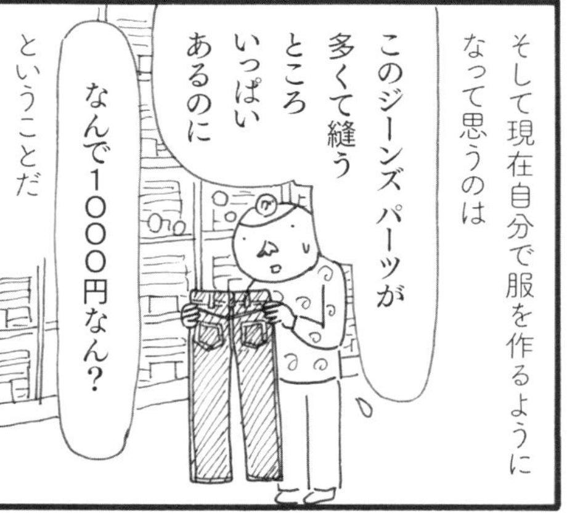
そして現在自分で服を作るようになって思うのは
このジーンズ パーツが多くて縫うところいっぱいあるのに
なんで1000円なん?
ということだ

身のまわりのものが手作りしなくても
何でも安く手に入れられる時代…

産業革命なんか
起こらんでよかったんや!!
そそこまでさかのぼるか

そんなんよ…もうこの問題はこんなわたくしの漫画では大きすぎて重すぎて…
ちょっと調べただけでも――

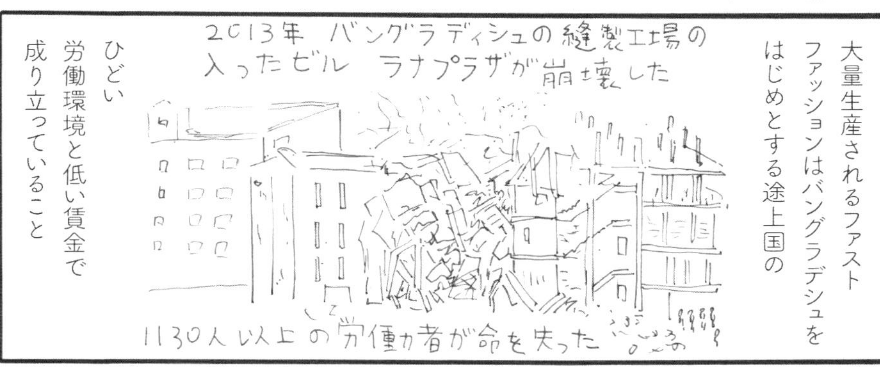
大量生産されるファストファッションはバングラデシュをはじめとする途上国の
2013年 バングラディシュの縫製工場の入ったビル ラナプラザが崩壊した
1130人以上の労働者が命を失った
ひどい労働環境と低い賃金で成り立っていること

大量生産された服は大量に捨てられあるいはリサイクルの名のもと古着として
衣類がぎっしりつまったコンテナ
アフリカのガーナ等に輸出され――

多すぎる古着はそこでも捨てられて
あふれかえった服が環境を破壊していること――

今思うことは中国製の
1980円のパッチワークの
ホットカーペットを見た時
この数日の
私のはたらき
1980円
以下!?
思いを
はせなければならなかったのは
そのホットカーペットカバーを
作った
異常な低賃金で
働かされる人々であり——
その途上国の安い労働力に
よって仕事を奪われて
いった世界の
縫製業の人々の
ことやったんや
せやなあ 仕事
失くした縫製職人さん
いっぱいいるやろな
ホンマになあ…
……
ん?
ああーッ
な 何?
う…ウチの
実家のカバン
製造業も
安い
海外製品に
おされて廃業して
しもたんやったわ
めっちゃ
当事者やん
アハアハ
身近
すぎて
忘れてた
そんなワケでこの手芸と
経済問題
もっと
調べて
からいつか改めて
描こうと思ってます
しばし
待って
やって下さい

世界のあちこちで

ファストファッションが台頭した頃何の番組か忘れたけどイタリアの靴職人さんが

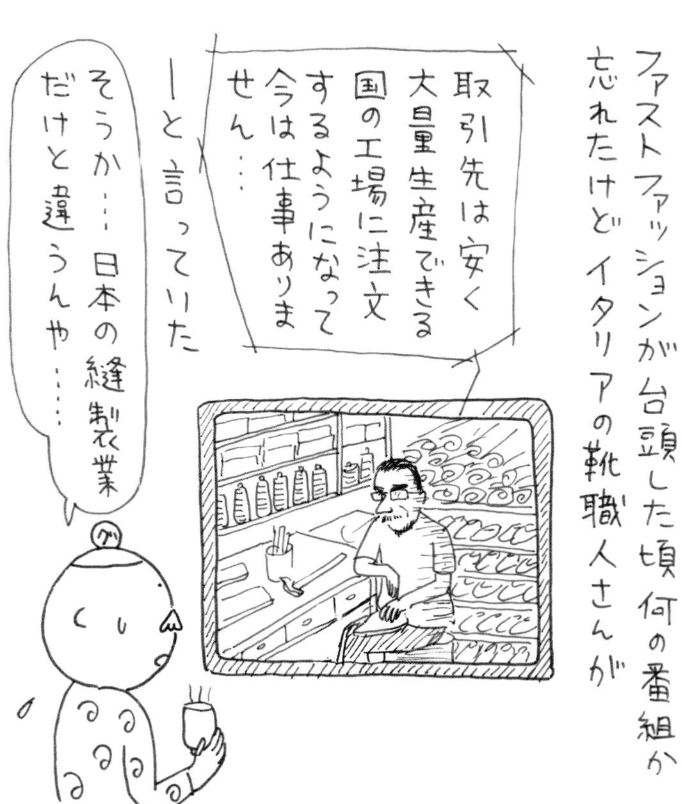

刺繍中毒 その1

インド映画のダンスシーンで時々見かける

「Shakti」(2002)のアイシュワリヤー・ラーイ

チョリといわれるインドブラウスにたっぷりのミラー刺繍

「Khal Nayak」(1993)のマードゥリー・ディークシト

女優さんのお衣装!!

——としてグの中では有名だ

ちょっとマニアックですいません

しかもビミョーに古い…

グ

インド映画好き

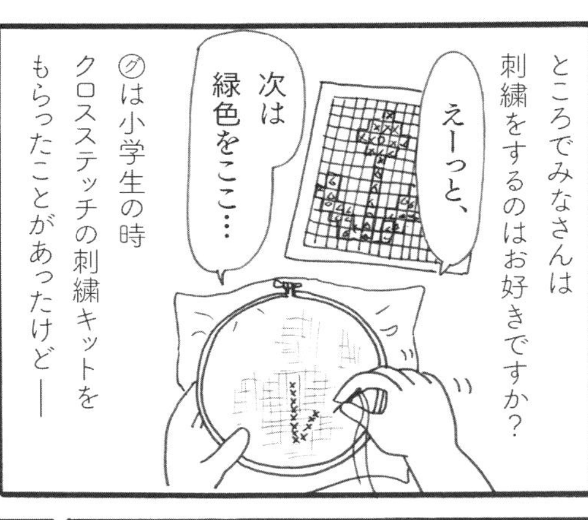
ところでみなさんは
刺繍をするのはお好きですか?
えーっと、
次は
緑色をここ…
(グ)は小学生の時
クロスステッチの刺繍キットを
もらったことがあったけど―

すぐにあきた

それからン10年ぶりの刺繍である
行ったのは"縫うの時間"の
ワークショップ
ようこそ
初回クラスへ
京都宇治の
古民家の
一室で開催された

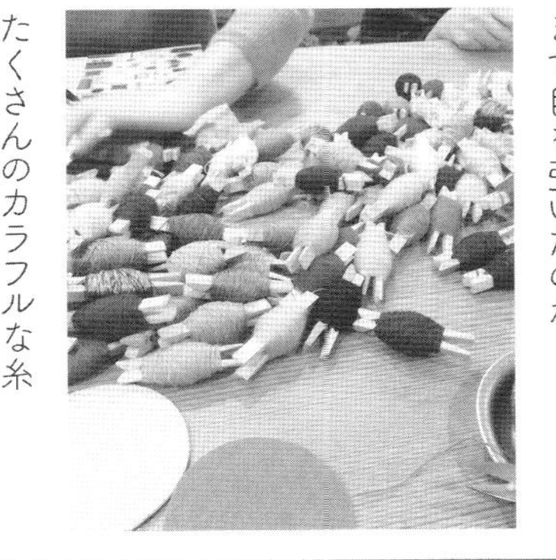
まず目を引いたのが
たくさんのカラフルな糸

わーいろんな色や
素材がある
刺繍糸って
こんな束で
売ってる
糸っていうイメージ
やったけどいろんな
糸で刺繍できるんや
これウールやな
これは絹かな
当たり前っちゃ
当たり前
やけど

先生の宮内愛姫さんは
ミラー刺繍は
布に鏡片を縫いつけ
色とりどり
のステッチ
を施した
インド西部に
伝わる刺繍です
やわらかで
やさしいオーラをまとった女性で
「かわいいミラー刺繍」という
伝統の技法をわかりやすく
アレンジした本も出しておられる
かわいいミラー刺繍
宮内愛姫
彼女はなんと単身インドの
グジャラート州カッチのあちこちの
村へ行って
地元の女性から
刺繍を教えてもらったそうだ
観光客の行かないところで
バスもないので
ヒッチハイクで
行きました
言葉はわからないので
身ぶり手ぶりで
さらり
どうやら見ためより
ワイルドでガッツの
ある人のようだ
ひょえ～
初回ではまず基本の
ステッチをします
布まわして
下さい
まずは
チェーン
ステッチ
お好きな
糸を
1本針に
通して
下さい
と
いよいよ刺繍が始まったけど
この時の自分はまだ知らない
刺繍って
こういう枠
がいると
思ってたけど
使わなくて
いいんや
糸を
玉止め
して
下さい
この〝チェーンステッチ〟が――

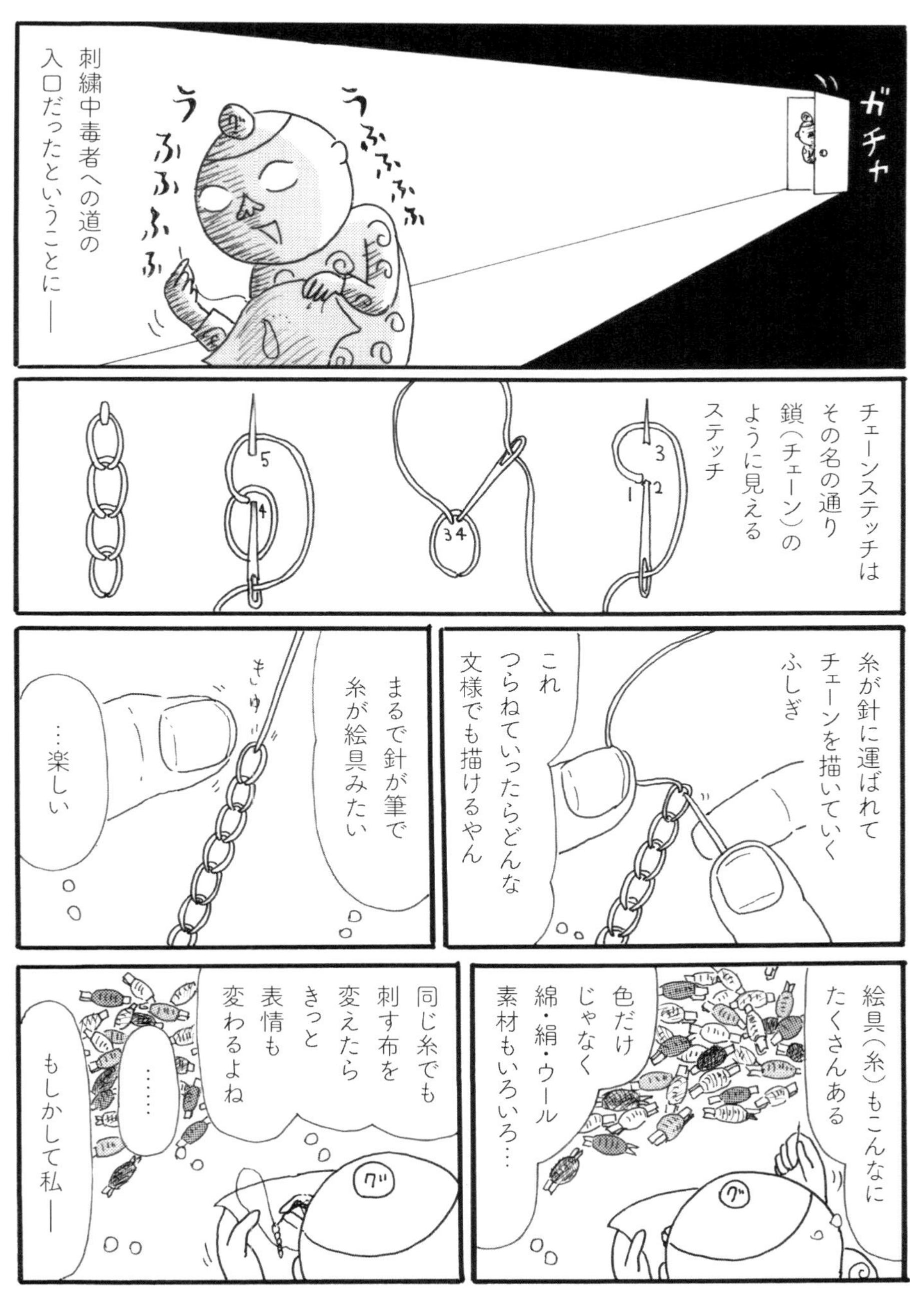
ガチャ
刺繍中毒者への道の入口だったということに――
うふふふふ
うふふふふ
チェーンステッチはその名の通り鎖(チェーン)のように見えるステッチ
3
1
2
34
5
4
糸が針に運ばれてチェーンを描いていくふしぎ
これつらねていったらどんな文様でも描けるやん
まるで針が筆で糸が絵具みたい
きゅ
…楽しい
絵具(糸)もこんなにたくさんある
色だけじゃなく綿・絹・ウール素材もいろいろ…
グ
同じ糸でも刺す布を変えたらきっと表情も変わるよね
……
グ
もしかして私――

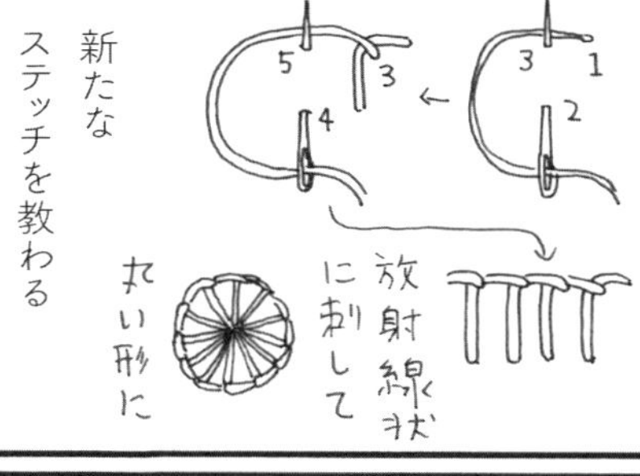

先生のお手本はシンプルな
基本のステッチを使っただけなのに

インドの
香りがするようなデザインだった

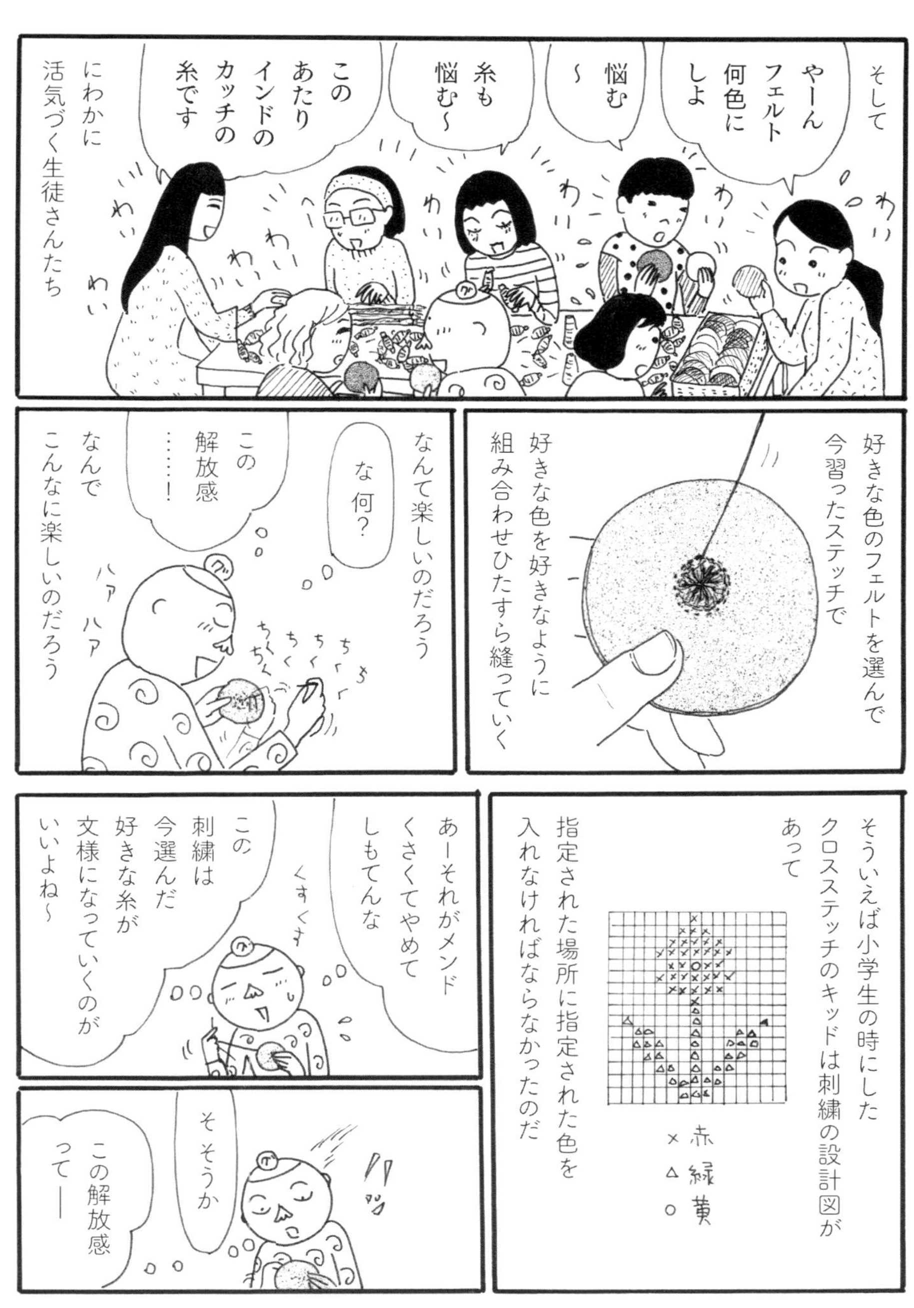
そして
やーん
フェルト
何色に
しよ
悩む
〜
糸も
悩む〜
この
あたり
インドの
カッチの
糸です
にわかに
活気づく生徒さんたち
わい
わい
わい
わい
わい
わい
好きな色のフェルトを選んで
今習ったステッチで
好きな色を好きなように
組み合わせひたすら縫っていく
なんて楽しいのだろう
な
何？
この
解放感
……！
なんで
こんなに楽しいのだろう
ハァ
ハァ
ちくちく
ちくちく
そういえば小学生の時にした
クロスステッチのキッドは刺繍の設計図が
あって
指定された場所に指定された色を
入れなければならなかったのだ
×赤
△緑
○黄
あーそれがメンド
くさくてやめて
しもてんな
くすくす
この
刺繍は
今選んだ
好きな糸が
文様になっていくのが
いいよね〜
そ
そうか
この解放感
って——
ハッ

マンガと違って
ネームも
(マンガの台本)
下絵も
なく
作品が
出来上がって
いくからか
あははは
あははは
あははは
ななんか異様に楽しそうやな
うん 一針ごとにストレスから解放されるみたい
よかったです
あー でもステッチガタガタ～
私もー
私も～
それは〝味〟で今しか出せないものですよ
私なんて刺繍しすぎてどうしてもキレイなステッチしかできなくなってしまって…
味あるステッチするにはもう左手でするしか…
フフフ…
先生ならではのすごい悩みですね
教室に参加した人はそれぞれ初対面だったけど
ほな上手になる前に〝味〟をたんのうせんと
アハハ
あ そうそう お茶うけ持ってきたのでみなさんで
わー ありがとう
おいしそうー
ホンマやねぇ
わー
チクチクしているうちに村の女の寄り合いっぽくなっていった

インドの
村でも
こんな
ふうに女性が
集まって刺繍しながら
おしゃべりしたり
子供に刺繍を
教えたり
してました
そんなふうに
とりとめのない
おしゃべりも楽しいけど
みんなただ
もく もく もく もく もく もく もく もく もく
ちく ちく ちく ちく ちく ちく ちく ちく ちく ちく ちく
だまって縫う時間も
あって何というか
だまっていても
大丈夫な
いい空気なのだ
対人恐怖症の人とか
リハビリに
なるんとちゃう
やろか?
いやもう
すでにそう
いうセラピー
あるんかも
なんてことを考えてると
わーかわいい色あい
ですね
えっ? わー
あなたのも
ステキ
作品が少しずつ
出来上がってきて――
みんな同じステッチを
学んだのに選ぶ色
組み合わせはそれぞれで
えー
見せて
見せて
えー
はずかしい
おー
いい色
その糸
いいな
この糸
です
どれ
みんな
ちがって
みんな
いいって
この
ことかー!
というくらい
新鮮で何もかも
楽しくてこうしてグは
刺繍中毒の第一歩を
踏み出したのであった

刺繍中毒 その2

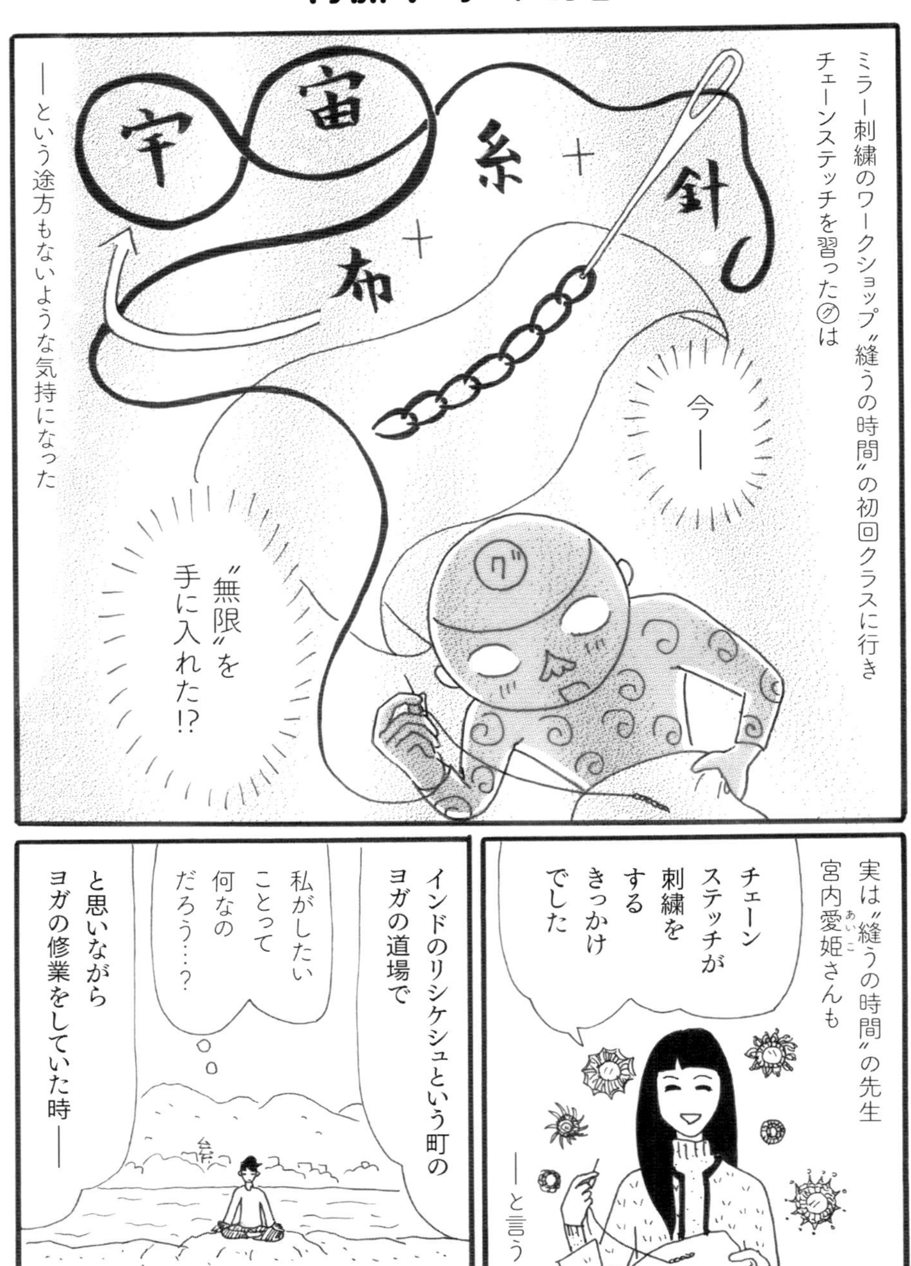
ミラー刺繍のワークショップ〝縫うの時間〟の初回クラスに行き
チェーンステッチを習ったⒼは
宇宙
糸
針
布
今ー
〝無限〟を手に入れた!?
ーという途方もないような気持になった
グ
実は〝縫うの時間〟の先生
宮内愛姫（あいこ）さんも
チェーンステッチが刺繍をするきっかけでした
ーと言う
インドのリシケシュという町のヨガの道場で
私がしたいことって何なのだろう…？
と思いながらヨガの修業をしていた時ーー

たまたま日本人の女性と知り合って彼女の部屋に遊びに行くと
私服飾の学校に行ってるの〜
へ〜
なぜか彼女が——
チェーンステッチを教えてくれたのです
ここをこう刺して
その時——
ひと針ひと針縫うごとに——
確信したのです
こ…
これだ
私がしたかったのはこれなんだー!!
——って
そしてすぐインドで刺繍を習う決心をして
手仕事がさかんで刺繍がすばらしいというグジャラート州のカッチへ行きました
へ〜
チェーンステッチの魔力おそるべし!!
そして単身カッチの村へヒッチハイクで行き
みぶり
てぶり
何この東洋人…
さあー
村の女性はいぶかしがったけどやがて熱意が伝わり

とある村に通って基本を学んだあと
あちこちの村に行ってその村の刺繍を学びました
村によって柄とか違うんですか？
そうなんです部族によって身につけている服や刺繍のデザインが異なります
へぇー
あっそういえば昔台湾で会った原住民族のおばあさんが
昔は布や刺繍の違いで部族がわかりました
――って言ってました
そうそう同じことだと思います
私が行った村々には刺繍がくらしの中にありました
女性が集まって子供が自然に覚えて
ずっと昔から人々が営んできた布と糸との時間に魅了されました
へぇー
くらしの中で自分や家族が縫った刺繍を身につける
カッチの村の女性たち――

豊かな時間と文化を
身にまとうことは
大量生産された服を
とっかえひっかえする〝ファッション〟
とは対極のおしゃれだと思う

愛姫先生が教室の名前を
〝縫うの時間〟としたのは
村のくらしの中の豊かな
〝縫う時間〟を伝えたい
という思いからなのだろう

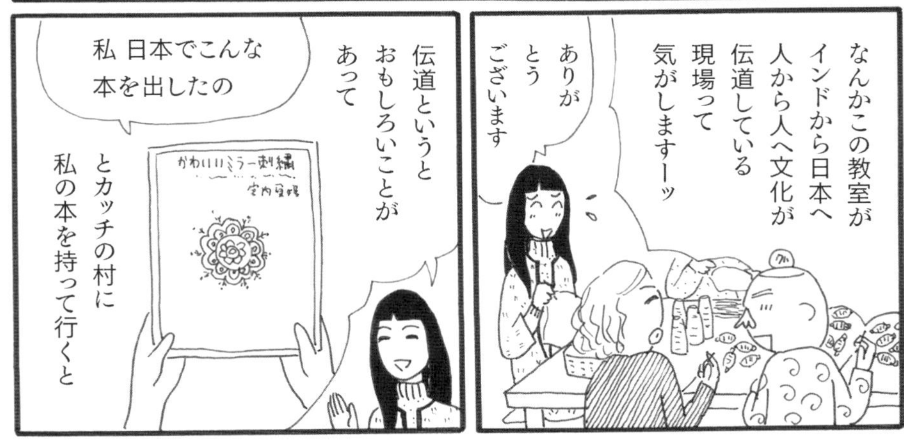
なんかこの教室が
インドから日本へ
人から人へ文化が
伝道している
現場って
気がしますーッ
ありがとうございます
伝道というと
おもしろいことが
あって
私 日本でこんな
本を出したの
かわいいミラー刺繍
宮内愛姫
とカッチの村に
私の本を持って行くと

えーッ 何この刺繍！
やんや
おも
しろーい
やんや
この
やり方
教えてー
やんや
やんや
——とびっくり
されました 日本人向けに
アレンジされたミラー刺繍が
すごい新鮮だったようです
そっかー
村の伝統が
日本人によって
化学反応
起こしたワケ
ですもんね
そうなのだ 文化や伝統って
外国へ伝わると
19世紀にヨーロッパに伝わった
日本文化
ポール・ポワレのキモノドレス
ジャポニズム！
クロード・モネの絵画
科学反応が起こって
新たな文化が生まれるのだ
そして愛姫先生が
日本に伝道した刺繍は
ああ
チェーン
ステッチ
楽しい～
ちく
ちくちく
初回
クラス
帰って
からも
ちくちく
どんな化学反応を起こすのだろう
グの場合は——
あら
この
カーディ
ガン こんな
ところに虫くいが
そや！
習った
ステッチで
穴ふさい
じゃえー♡
ふふふ
穴ふさいだ
けど…
ここに
ひとつ刺繍
なんかバランス悪いな…

う～～ん…ここに刺繍したらここにもせんとまたバランスが…
ちく
ちく
ちく
ちく
ちく
ちく
ちく
やっぱりこっちにしたらこっちにも…
ここのスキマちょっとさみしいな
アハハ
本当に〝無限〟を手に入れてしまったようであった
それ以来――
そやこのコートお気に入りやけどいっぱい虫くいあるんやった
お気に入りやから捨てられなかったの～
衣類の虫穴にムラムラするようになり――
ステッチで穴をふさいでは
ここにステッチしたらここにもせんとバランスが…
ちく
ちく
ちく
ちく
アハハ
アハハ
と言ってさらにステッチをし――
さらには〝縫うの時間〟のワークショップに数回通い
まずは土台
ミラーを「五芒星」を2つ重ねた形に糸で固定します
バランスよくね～
らんらん
ミラー刺繍のワザを覚えると――

ミラー刺繍で虫穴をふさぐようになった…
虫とのコラボ!!
いえーい
――って どんな化学反応や
ホンマアンタの手芸欲の基本は貧乏症やねんな
ちゅーか アンタの タンス 虫いすぎ
えー だってうれしいやん もう捨てるしかないと思ってたお気に入りの服が
こうしてよみがえるなんて
ホラ電話やで
RRRRR
さらにその上――
あお久しぶりです
え…
イラストの仕事……
……
……
えっと…
そのイラスト刺繍でやってもいいですか?
オイオイオイ
仕事にまで刺繍を使う…
こそっ
こうしてインドから伝わった刺繍は
日本に幸福な刺繍中毒者を増やしたのであった…
動物詩集
室生犀星
刺繍イラストの仕事
愛姫先生ありがとう!

カバー表紙ができるまで

1 イラスト刺繍

フリクションペンで下描きしたところを縫っていきます

2

下地とタイトルリボンのフェルトはネパール製
イラストの丸いところは100円均一のフェルト
下のサブタイトルのリボンは会津木綿
四隅にはミラー刺繍

3

タイトルとサブタイトルを縫ったけど読みにくいということで縫い直すことに…（号泣）

4

結局サブタイトルの小さな文字はフォントにすることに
枠やイラストを縫い足してさらににぎやかに

Column

“縫うの時間”ワークショップ

糸ラブ〜♡

色とりどりの糸に気分がめっちゃ上がります

（右）先生の見本がまたかわいい！
（左）ワークショップで使う針山も先生のお手製

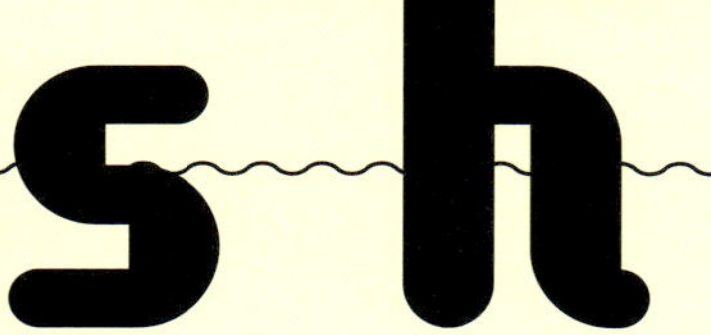

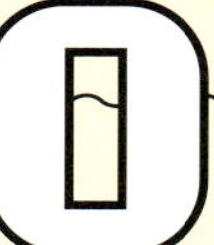

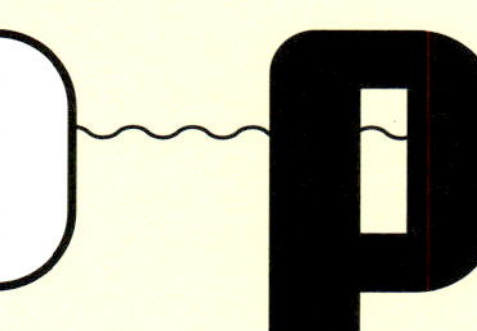

ワークショップでつくった作品を
自慢させて〜

初回クラスで作った
コースター

上が初めて作ったもの
縫い目ガタガタだけど
楽しかった！

ミラーワーク
クラスの
カウベル

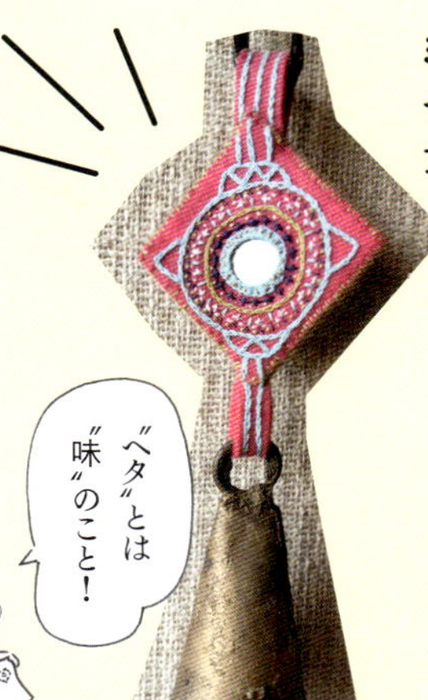

"ヘタ"とは
"味"のこと！

初回発展クラスの
鳥のブローチ

ビーズワーククラスの
手鏡とブローチ

※ワークショップの予約は
"縫うの時間"で
検索して下さいませ

Work

宮内愛姫さんのアトリエと作品

（上）愛姫さんと作品の上にのっかる猫さん
（左）糸と布がズラリ

インドで初めて作ったというミラー刺繍

下絵なしで思いのままに縫う楽しさにあふれた作品

旅の途中で…
中国雲南省を旅していた愛姫さん　ある日
ハッ
ブロロ
ウソッ
縫いかけの刺繍と裁縫道具バスに忘れてきたーーッ
探そうにも…
見つからない～
うっうっ
大事な裁縫道具なのに～～
でどうしたかというと…
改めて裁縫道具を買った
こんな見知らぬ土地で
針も糸も布もあっさり買えた
すぐに刺繍を再開できた
なんか…
やり直すことって意外にカンタンやん!!
あははあははは
人生前向きになった出来事だったそうだ

暴走する刺繍欲

華麗に巻きます

大好きな映画のワンシーンをマフラーにしてみました。絹の布に絹糸で刺繍

idery

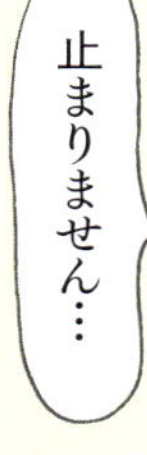

カーディガンの
虫くいのところに
刺繍

実家からもらった
ハサミのケースを
作りました
裏面に軽い狂気を
感じます

名刺入れにしました

マンガを描く
合間にする
現実逃避用
刺繍です

Embr

これもビンボー症の
一種やな

刺繍を仕事に使う

『動物詩集』室生犀星
（龜鳴屋）

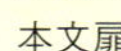

本文扉

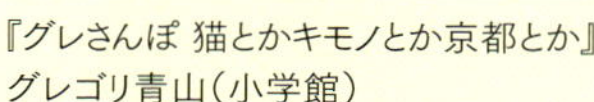

『グレさんぽ 猫とかキモノとか京都とか』
グレゴリ青山（小学館）

『龍の笛 犀星童話集』室生犀星
（龜鳴屋）

たまにあること

おび〜
びしっ
ビクッ
それ
帯やろ
ハイ
帯や着物をリメイクしたものを身につけているとたまに声をかけられます
（主に年配女性）

着物リメイク中毒 その1

とはいえ着物ほどくってなんか抵抗あるんよねー
ホンマにほどいていいか聞いてみよ
と母に電話すると
いいでもう着ぃひんし
アンタも着いひんのやろ
そんなもんか
とアッサリ言われる
よし ほどいてみるか
エリのところからリッパーでほどいていく
プチッ
プチッ
ベリッ
ベリッ
プチッ
ベリ…
プチッ
ベリ…
……
なんか音楽でも聴くか
プチッ
ベリ…
プチッ
ベリ…
着物って
ミシンじゃなくて手ぬいやねんな
プチッ
ベリ…
プチッ
ベリ…
プチッ
ベリ…
プチッ
ベリ…
プチッ
ベリ…
プチッ
ベリ…

何この…
プチッ
べり…
プチッ
べり…
プチッ
ふふふふ
ふふふふふふ
心落ちつくちまちま作業…
ヤバいなこいつ…
べりッ
こういうちまちました作業が苦にならぬ人間が手芸中毒者になるような気がします…
こうしてひとりでプチッ べり… プチッ べり… プチッ べり…
ちまちまと無心になるのもいいけれど——
youtubeの動画とか見ながら
糸
お母ちゃん 着物ほどくん手伝ってー
わあ なつかしいな この着物 正月に一回しか着いひんかったなあ
母
お母ちゃん この着物もう着いひんの?
こんな赤い着物もう着られへんわ
せやな 私でもムリやわ
母は糸切りバサミ派
べりッ
着物って年齢選ぶな
これみんな嫁入りの時に持ってきたもんやしな
そういえばお母ちゃんが着物着てた記憶ないな
プチッ べり
プチッ べり…

着物なんて着るヒマなかったなァ～
仕事やら家事やら育児やら介護やらで
フッ
べりっ
ブチッ
ななんかごめん
ほとんど着られることのなかった着物たち――
母もまさか娘と共にほどくことになるとは思わなかっただろう
プチッ
べり…
……
……そっか…
お母ちゃんが着れへんかった分私が服とかバッグにして使うやん！
ぐっ
一緒にほどくことで使命感というか貧乏性魂に火がつく娘であった
あそうそう縫う時は縫う前に1回洗った方がいいで
縫ってから洗って縮んだら大変やん
せやな
しかしほどいた着物の洗い方を調べると本やネット上で――
手洗いで とか
水で ぬるま湯で とか
洗濯ネットに入れて
洗濯機の おしゃれ着コースで とか
干す時もしぼらず干す とか
アイロンかけてから干す とか半乾きの時にアイロンかける とかー
じゅ
いろんな洗い方があってワケわからーん

そういう時はなるべく楽チンな方法をとるのがグレゴリ流！
洗濯ネットに布をたたんで入れて
（ネットに布をたくさん入れすぎない）
何がグレゴリ流だ…
グッ
絹・ウール用の洗剤入れて
（ゆかたはせっけん洗剤）（柔軟剤は気持ち悪くなるので使わない）
おしゃれ着洗いコースで洗う
ピッ
おしゃれ
陰干しする
↓
スチームアイロンをかける
じゃー
アイロンをかけた布は
コピー用紙を置いて
B4
くるくる巻きこむ
巻いて保存
ごわごわ
反物巻くのむずかしいです
——と今までこうして洗ってきたけど
うわーめっちゃ縮んだー
しわしわ
というのは絹のちりめんの着物ぐらいであとはけっこう大丈夫でした
最初はゆかた地で簡単なスカートを作る
5枚つないで
↓
わっかにして
上にゴム入れる
ギャザースカート
スソ三ッ折りにして縫う
ちょーかんたん♡

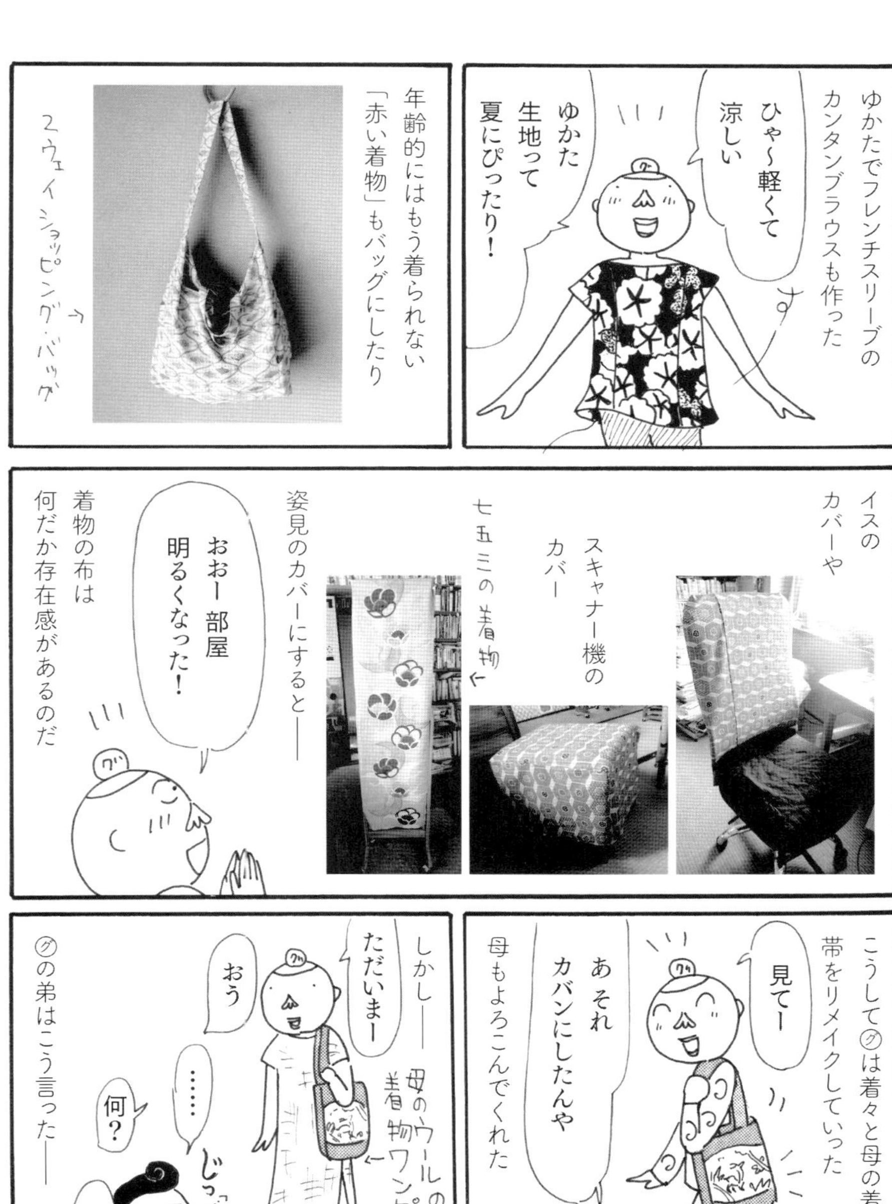
ゆかたでフレンチスリーブのカンタンブラウスも作った
ひゃ〜軽くて涼しい
ゆかた生地って夏にぴったり！
年齢的にはもう着られない「赤い着物」もバッグにしたり
2ウェイショッピング・バッグ
イスのカバーや
スキャナー機のカバー
七五三の着物
姿見のカバーにすると——
おおー部屋明るくなった！
着物の布は何だか存在感があるのだ
こうして㋨は着々と母の着物や帯をリメイクしていった
見てー
あそれカバンにしたんや
母もよろこんでくれた
母
しかし——
ただいまー
母のウールの着物ワンピース
おう
……
何？
じっ
オマエー
㋨の弟はこう言った——
弟（元・ヤンキー）

なんで最近そんな
おばあさん
みたいなカッコ
してんねん
おばあさん
そうなのだ 着物リメイクには危険があるのだ
もっさり
どうよ この玉虫色と菊柄の
ダサダサおばさんくさいセットアップ!!
着物リメイクって
ヘタしたら
すっごい
もっさくなるん
えー でも
この作ってくれた
バッグ
かわいいやん
使ってるで
と言ってくれるのは
着物好きの友達だ
ありがとー 気に入って
くれて
うれしい〜
古い
着物って
かわいいの
多いよねー
うん
うん
着物着るのが好きな京子さん
そや! 今度弘法さんか
天神さんの市
一緒に
行かへん?
いいな! 着物
いっぱい
売ってる
もんな
この時の㋖はまだ知らない
着物の都・京都の骨董市で
わー
弘法さん
久々に
来たー
私もー
東寺
東寺
東寺北門
どんな恐るべきワナが
待ち受けているかを!!

プチッベリッより　プチッシュッ

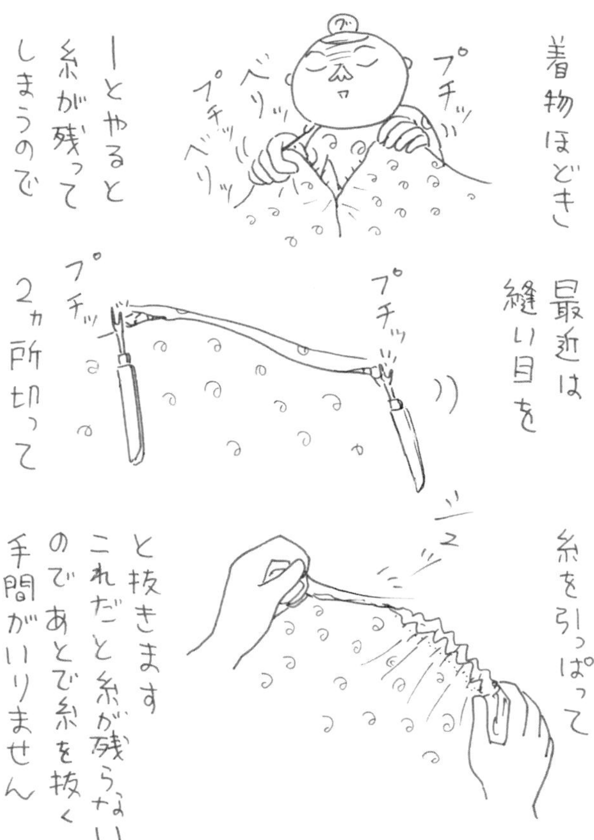

着物リメイク中毒 その2

実は弘法さん天神さんは昔から大好きで
古いもんいろいろあって
楽しーっ
高校生→
着物をたくさん売っていることは知っていたけど――
着物リメイクを始めてから行ってみると
ALL 1000円
ちょッ この店の着物みんな千円やて
やっす！
本当になんてたくさん着物を売っているのだろう
このシャリシャリした手ざわり
麻かな
わあ
ちょうど こういう雨コート欲しかったん
サイズ合うかな
以前は目には入っていたけど見てはいなかったのだ
北門から入って数10m歩いただけで
か…買ってもうた…
二人とも一着購入
アハハ
千円やしな
アー
ああそれにしても
すごいポップな柄
古い銘仙っておもしろいね
着物って…
わあここの帯みんな千円やて
いろいろあるなあ
帯って…
これって花嫁衣装!?
外国人が買ったりするんかな
着物って…

なんてたくさんあるのだろう…（また言う）
わー絞りの羽織いっぱいあるー
着物姿の女性も多い
きゃーこの帯猫柄！
そして見てるだけで何て楽しいのだろう…
——ってウチらかれこれ30分ぐらいいるけど100メートルも進んでへんな
京子さん知ってるとは思うけど北門ってほんの入り口で——
メイン会場にはまだまだいっぱいあるんやで！
どどーん
ヤバいな弘法さん!!
恐るべき着物魔境 弘法さん!!
さらに驚くべきは
この着物の山一枚500円やて
そんなんつい掘り出しもの探してしまうやん
¥500
その値段の安さである
もちろん高い着物も売ってるけど
それは作家モンで5万
高ッ
——って呉服店の新品やと5万円ってザラやのに…
タトウ紙入り
常識の価格破壊が起こってしまった二人である

そして――
はぁあ～
着物
いっぱい
あったな～
アハハ
かんぱ～い
うんもう
ワケわからん～
アハハ
弘法さんの日だけ食堂をしている川魚屋さん
私もワケわからなくなって
結局買ったたん最初の
一着だけ～
アハハ
私は
3着
アハハ
3着で
にせん
ごひゃくえ～ん
ハイ
※まむし
※うな丼
でもなあ…よく昔の映画とか
生活に困って
質屋に着物
売りに行く
シーン
あるやん
アンタ
やめて
うるせー
うまー
おいしー
そんな大事な
着物が今では
千円…て思うと
ちょっとフクザツ
多分ウチらの
親世代ぐらいまでは
嫁入り道具の着物って
いざという時はこれ売ってしのぎ
という意味も
あって持たせたんと
ちゃうかなあ
なるほどねえ…
しつけ糸が
ついたまま1回も
着てなさそうな
着物もけっこう
あったよね
うんこれとか～
かわいい柄～♡
ふふふ
かわいいよね～
はあ～

楽しかったあ～
うん～
今度
天神さんにも
行ってみいひん？
行く～
すっかり古い
着物に魅せられた
ふたりであった…
そのあともちろん天神さん
にも行き
こちら友達の
梅ちゃん 最近
着物着るように
なったって
言うので誘って
みたー
たこ焼
よろしく～
よろしく～
天神さんもやはり
着物魔境で
ええっ ここの
着物みんな
千円!?
フフフ
びっくりやろ
ヤバいやろ～
フフフ
フフフ
はあああ～～
すごかった～
着物も帯も
買ってもうた
な～
今日は
反物
ゲット～
弘法
さんも
いいで～
かわいい
ビーズバッグ
ゲットて
行くわ～
同好の士を
増やしたりした
そしてさらには…
ハ～マンガのネタ
思いつかない～
どん
より
ヤフオクで
古本でも
探すか
あそや きっと着物も
出展されてるん
やろな
着物
アンティーク
…で検索
——と

うっわ
いっぱい出展されてる
いや待ってアンティーク着物というより…
最近はほどかなくていい反物が便利って気付いたんよね
着物反物……と
ポチ
カタカタ
ひーッ
前のめりっ
めちゃくちゃいっぱいあるー!!
きゃー
浴衣
浴衣の反物欲しいんよ
きゃー何5本まとめて現在1800円!?
カタカタ
カチ
カチッ
カチ
カチッ
カチッ
――って気付いたら浴衣の反物競り合っててアッという間に時間過ぎてたーッ
ヤフオク確かにヤバい!私もこの前つい帯落札してた
※また弘法さんに来ています
あこれかわいい～
でもこうして実際に手に取って選べる弘法さんや天神さんやっぱりいいな～
ホンマ～
うんうん
あそれすごい似合う
ホンマ?
この帯と合いそう
あーでもーで
あはは
アハハ
アハハ
アハハ

――で
今のそのありさま なんか
う…
どっさり
そもそも モノを整理 するために 着物リメイク 始めたんと ちゃうんか
だ…だって 着物の魔力には 勝てな…
こんにちは～ お荷物でーす
あ ハーイ
きゃーッ 草木染で 手織りの紬の反物！
きれい～
こんな いい反物 3000円で落と せるとは…
また ヤフオクで 買うたんか…
あ、値札が…
え
98000えん…
¥98000
……
アンタ…
手間ヒマかけて 生まれてきたのに…
3000円で 私のところに 流れてきたんか…
ぎゅ
世の中おかしいな
ホンマにな…
この話続きます…

Column

キモノリメイク

浴衣をほどいて洗い陰干しします

洗った布は アッと
いう間に
乾きます

グ

はじめました!

作ります
（布の量が多いのでけっこう使いでがあります）

キャミソールとショーツ

前かけエプロン

スカート

カーテン

キモノリメイクの注意点

ダサダサおばさんくさい
セットアップ

弟におばあさんみたいなカッコと
言われたワンピース

絞りの羽織で作ったシャツ
着るとおばさんくささが香ります

Column

ひたすら
キモノ・
リメイク

グレ・コレ
Gregori Collection

メッセンジャーバッグ

母の着物から

ポーチとブックカバー
ポーチには大好きな
「つる姫じゃ～！」のワッペン

トートバッグ
実家の仕事が廃業し整理した時に出てきた革と
母の着物を裏地につけたバッグ
実家の工業用ミシンで母に縫ってもらいました

Remake

ジャンパースカート

アンティーク着物店で買った
蝶柄の着物で作った
ジャンパースカート
グレ ハナエスカートと呼んでます

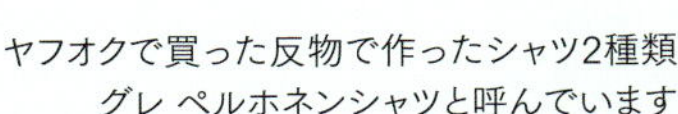

ヤフオクで買った反物で作ったシャツ2種類
グレ ペルホネンシャツと呼んでいます

シャツ

Kimono

Column

着物魔境
弘法さん 天神さん

毎月21日は東寺の弘法市 25日は北野天満宮の天神さん
新しいものから江戸期までいろんな着物と帯が売れられています

東寺の北門入ってすぐ
いきなり着物が売っていて
テンパる京子さん

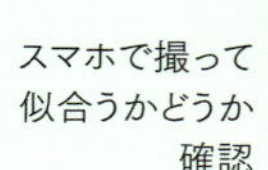

スマホで撮って
似合うかどうか
確認

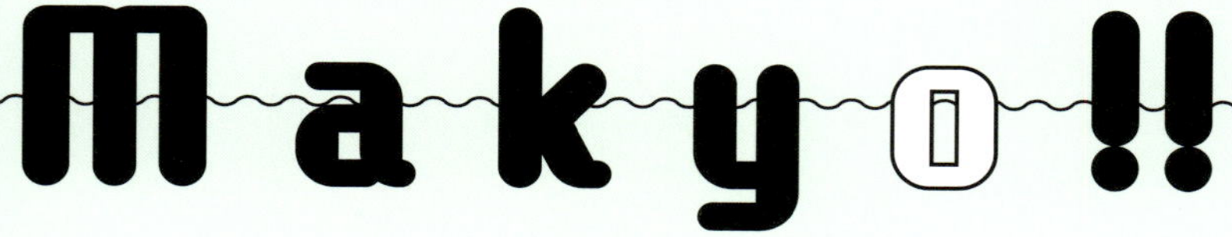

100円で売られていた
反物で作ったシャツ

とにかく安い

(上・下)かんざしや櫛、もちろん
着物以外のものも売っています

(上)2点で1000円
(下)1枚100円

着物美人も売ってます

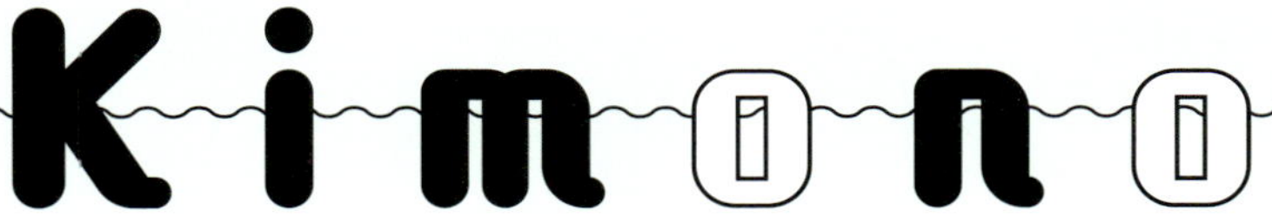

第12話(P122参照)に登場する子どもワンピースです
写真提供:平和祈念展示資料館

消えて

着物をほどいて洗うのは一応
もし霊的なものが憑いてたら
水で流れますように
というのもある
帯は手洗い
そのおかげか今まで呪い的なものには会ったことはないけど
ウワッ
すごい柔軟剤臭!
のする布を買ってしまったことがある
←ヤフオクで買った布
それが洗えど洗えど
くっまだくさい!
しつこい―
なかなかおちない
洗っているうちに色があせてきた
何の呪いや…
いやすぎる
キツイ柔軟剤は悪霊のごとし!

手芸と経済 その2

ヤフオクで未使用の
絹の反物を買った
草木染めで
手織りの
反物
3000円で
落とせた
それは
98000円の値札がついていた
¥98000
以前絹織物の工房に
取材させてもらったことがある
反物が一反出来上がるまで
70人以上の
職人の手を経るという
しかもこれ
手織りやろ
一反(約12m)
織るのに
何日かかるん
やろ…
1日や2日で
できるもんとちゃうわな
グ
これ…
いつ頃できて
どんな人が
持って
たんやろ
でも…
作った人も
持ってた人も
¥98000

まさか3000円でこんなところに流れてくるとは思わへんかったやろなあ
そもそもなんでそんな安くて手に入るんや
多分日本人の着物離れやと思う
KIMONO ¥500
500円
弘法さんや天神さんの市で着物が安く売られてるのは それだけ手離された着物が多いってことやん
取材した工房の方も言ってはったけど
着物業界はきびしい状況で職人さんも減ってきてるんやて
そうなんや
……
ウチも着物関係じゃないけど父母が職人やったから胸が痛い
ああ 廃業したってゆうてたな
ウチの家族は家内工業で自宅で注文を受けてバッグを縫製していた
父は裁ち機という機械で布を切る作業と
父
母とミシン
祖父もミシン
ガガガ
ガガガ
ガガガ
糸切りお手伝い
祖母は"コミ"というバッグの中をふくらませる新聞紙を丸めたものを作っていた
丸めて
のり
紙でつつむ
つつむお手伝い
父が若い頃に始めた仕事で

最初は着物に合うハンドバッグの注文が多かったけど
くちがね
口金という金具付きのバッグ
だけど90年代後半
最近なあ仕事がないねん…
えっ
当時 結婚して東京に住んでいた
取引先がな中国の工場に仕事頼むようになって…
時代とともにいろんなバッグを作るようになった
たまに注文が来ても…
そんな安い工賃でやってられるか!!
酒
ガンッ
はあ〜
当時日本のいや世界のあちこちの縫製業で同じことが起こっていたと思う
その頃からもうどんなにがんばっても日本の人件費では作れないほど
フリース1900円
セール
¥1000
ブーツ1900円
縫製品の値が下がり始めた
流行の服が気軽に買えそして
これもう流行おくれ
ポイッ
気軽に捨てられるようになってしまった
作るより買ったほうが安いという時代だけど
このジーンズなんで1000円なん?
ジーンズを持ってる人は見てほしい

どんなにパーツが多く縫うところが多いかを

ボタン
ボタンホール
ポケット
リベット
中にポケット布
ファスナー
コインポケット
ベルト
ベルトループ
パッチ(ラベル)
ヨーク
ポケット

「990円のジーンズが作られるのはなぜ?」

——という疑問がそのままのタイトルの本を見つけた

長田華子
990円のジーンズがつくられるのはなぜ?
ファストファッションの工場で起こっていること
合同出版

バングラデシュの縫製工場に取材されたこの本によると

長田華子著 合同出版

一枚のジーンズを縫製するには約66工程もあり

工員は若い女性が多い

それを流れ作業で一人の工員が一工程を担当し

ひたすら同じ場所を縫うそうだ

ガガガガガ

彼女達の月給は5000円前後※

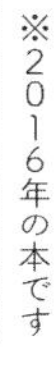

働く女性は貧しい田舎からの出かせぎが多く

子供を残して働きに出る人も

乏しい給料から仕送りをしなければならない

劣悪な環境の工場も多く

じめじめ

暑い…

火災事故も多い

そのせいで体を壊す人も少なくないという…

安いジーンズや洋服は彼女達によって作られているのだ

……

前にもゆうたけどもーいっぺん言わせてもらうわ

?

産業革命なんか
起こらんでよかったんや!!
そ それか

バングラデシュの働く女性のことを知って思いおこしたのは
あゝ野麦峠
明治時代 生糸工場で働く工女の実話を元に描かれた映画

明治〜昭和初期にかけて輸出用の生糸を生産するため劣悪な環境の中で長時間労働をする
貧しい農家出身の少女たち…

捨てられた衣類で
地球は汚れ
アフリカ ガーナでは 先進国から
送られた 古着がゴミの山になっている
世界中の縫製職人の仕事は
奪われてしまった
裁ち機捨て
たんや…
はいみやげ
551
もうすぐ年金
もらえるし何とか
なるよ
ハァ
これからも月々
援助するから
弟
安い値に慣らされ どんどん
不景気になって
ハンド
メイドサイト
いろいろ
あって
いろいろ
売ってるな…
カチ
カチ
えーこんな手間が
かかってるの
この値段？
時給に
したら
いくらに
なるん？
手芸・手仕事の価値までが
安くなってきているようだ…
そんなことを言っている自分だって
この反物
98000
円の価値が
あるのはわかる
けど その値で
買える
かと
いうと…
まあ
そんな余裕
ないわな
ううっ
ふがいない
だからな
とてもじゃない
けど自分の
才覚じゃ
無理な
気がするん
何が？

手芸で食っていくってことが!!
コラー
カッ
ワク

そんなこと考えてんとさっさと漫画描けーッ
片付ける!
ああー
今の世の中 手芸や手仕事の価値って何なのだろう?

そんな事を考えていたある日のことだった
ん?
着物リメイク?
読んでいた新聞の広告にふと目がいった
京都新聞

それは滋賀県立美術館のギャラリーの展覧会のもので
ちいさなワンピースの写真があった
平和祈念展
in滋賀
2023年
9月12日−18日

そのワンピースに添えられた説明を読んで
えー
思わず息をのんだ
京都新聞

そして見に行った平和祈念展で
う
うわあ…
"手芸""手仕事"の意味を突きつけられるのであった

滋賀県の方から寄贈された、
満州（現・中国東北部）から
日本に引き揚げる時に
母親が娘のために作ったワンピース
平和祈念展
in滋賀
抑留者が
飢えに耐えかね、
袖の部分をパンと
交換した防寒外套
2023年
9月12日㊋～18日㊊㊗
開場時間 9：30～17：00（入館は16：30まで）
Shiga Museum of Art
滋賀県立美術館 ギャラリー
［滋賀県大津市瀬田南大萱町1740-1］
主催：平和祈念展示資料館（総務省委託）
後援：滋賀県、滋賀県教育委員会、大津市、大津市教育委員会
協力：滋賀県平和祈念館、滋賀県立美術館
お問い合わせ：（平和祈念展示資料館）
入場無料
特別展示
「滋賀県ゆかりの戦争資料」
協力：滋賀県平和祈念館
絵画展示
「画家・宮崎静夫が描いた
満州開拓・シベリア抑留」
宮崎静夫《異国の丘》

平和祈念展の新聞広告

手芸と戦争

それは古くて小さなワンピースだった
写真提供：
平和祈念展示資料館
とても愛らしいワンピースだった
まず鳥の柄の布がかわいい
こんな反物がヤフオクで
売ってたら
迷わず
入札!!
してしまうだろう
ぽちっ
デザインは
ヨーク
ギャザー
前身ごろは3枚はぎ まん中の
布は細めで柄が違う
ポケット
作った人のセンスの良さを
感じずにはいられないものだ
縫製は
うしろ
ホック
すべて手縫いだった
'23年9月滋賀県立美術館の
ギャラリーで開催された
〝平和祈念展in滋賀〟で
展示されていたワンピースだ

それは母親が娘のために作ったワンピースだった
満州の（現中国東北部）から日本へ引き揚げる時のために…
このワンピースのことを知ったのは
こ これは見に行かんと…
この展覧会の新聞広告でだった
その時グは
手仕事や手芸の価値って何なんだろう…？
ということを考えていた
現代では服を自分で作る人は少数派だ
作らなくてもファストファッションのお店で安く買える
1200円
手作りの服や雑貨だって
めちゃ手間かかってそうやのにこの値段…
ハンドメイドサイトで手頃な値段で購入できる

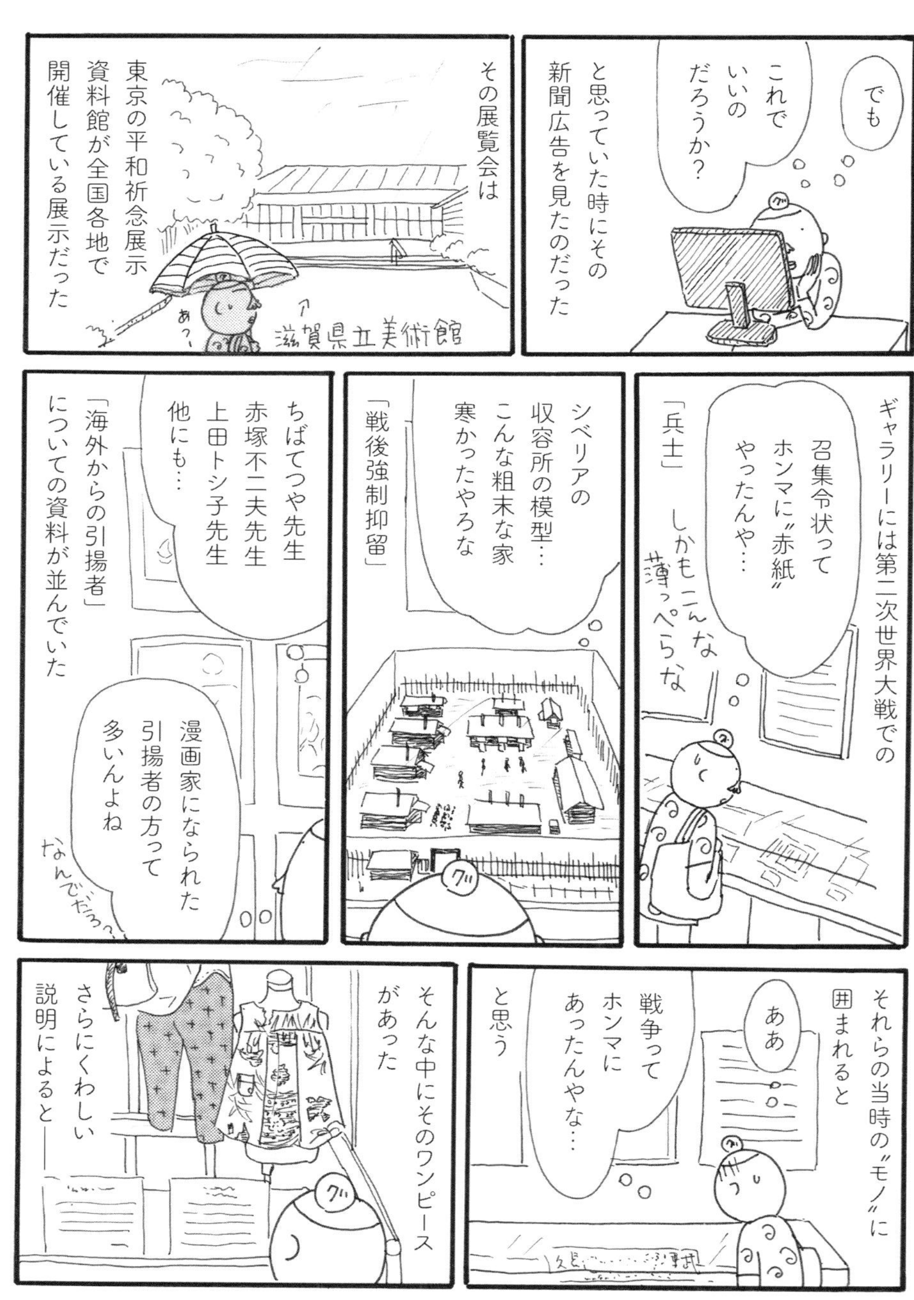
でも
これでいいのだろうか？
と思っていた時にその新聞広告を見たのだった
その展覧会は
東京の平和祈念展示資料館が全国各地で開催している展示だった
あっ
滋賀県立美術館
ギャラリーには第二次世界大戦での
召集令状ってホンマに〝赤紙〟やったんや…
しかもこんな薄っぺらな
「兵士」
シベリアの収容所の模型…こんな粗末な家寒かったやろな
「戦後強制抑留」
ちばてつや先生
赤塚不二夫先生
上田トシ子先生
他にも…
「海外からの引揚者」についての資料が並んでいた
漫画家になられた引揚者の方って多いんよね
なんでだろ？
それらの当時の〝モノ〟に囲まれると
ああ
戦争ってホンマにあったんやな…
と思う
そんな中にそのワンピースがあった
さらにくわしい説明によると――

昭和20年8月 満州――
ソ連軍の侵攻が始まり
母は3歳の娘と
赤ン坊の息子を連れ
（夫は出征していた）

満州から釜山を目指すも
その途中
栄養失調で
息子を亡くしてしまう

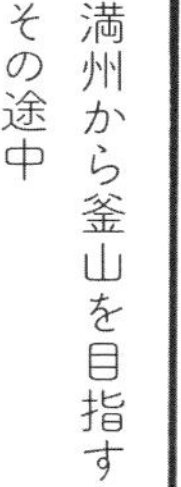

このワンピースは赤ン坊の
おしめを縫い合わせて
作られた

逃避行中
布は貴重品だったに違いない

そんな壮絶な状況の中

いつか帰国する日
娘にはせめてきれいな服を
という思いで作られた
ワンピースは

どうしようもなく
愛らしく美しかった

ギャラリーには学芸員さんがいらして
お話を伺うことができた

このワンピースを
作られた方は
何か服を作る
仕事をされて
たんですか？

いえ当時の女性は
針仕事をたしなむことが一般的でした

東京平和祈念展示資料館 学芸員山口隆行さん

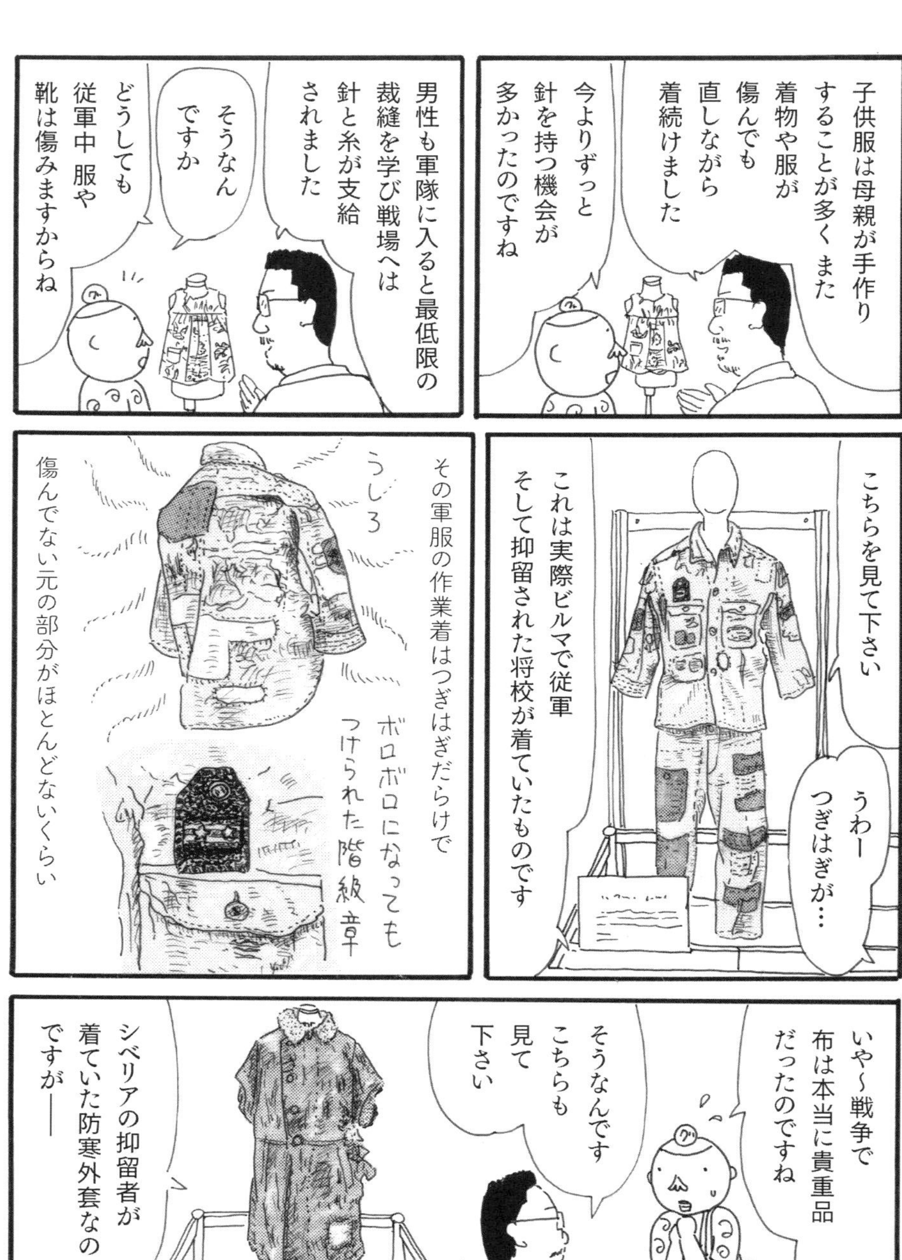

※この軍服は滋賀県平和祈念館蔵

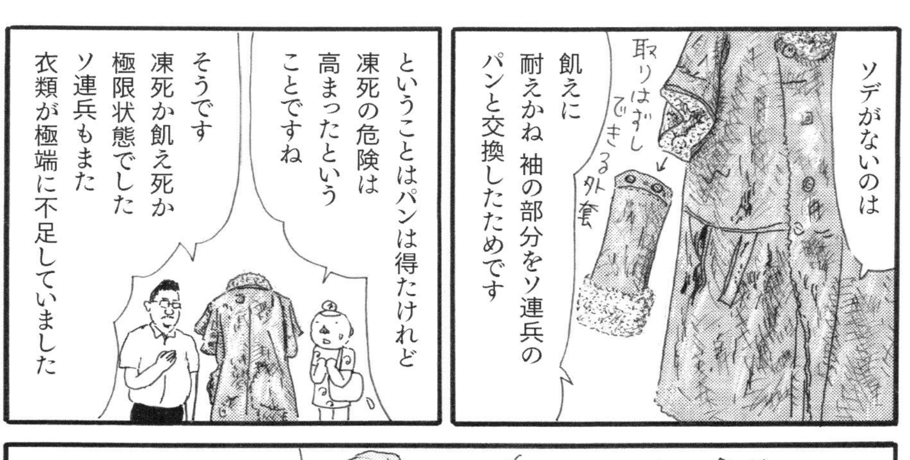

他にも乏しい布で作られたくつ下や手袋もあった

ハギレを縫い合わせた靴下

作業用の手袋

引揚者や抑留者の方 今の時代 年間10億着もの服が廃棄されてるって知ったらどう思うやろ…

グ

その他にもやはり乏しい材料から工夫をこらした手作りの〝モノ〟がいろいろあった

手製の湯のみには花(?)のデザインの模様が彫られていた

東 南 西 北 發

木片を削って作った麻雀牌(マージャンパイ)は草や赤チンなどで着色された

白樺の木を削って作られた食器は驚くほど美しいフォルム

それらのものはすべて――

生きていくために
作られたものだ
自らの〝手仕事〟で
たとえ材料が乏しくても
ワンピースには
ギャザーが
入れられ
湯のみには
花が彫られ
麻雀牌には
色がつけられ
スプーンは
美しく
削られていた
ああ〝手芸〟という
ことはそういうことなのだ!
戦争体験のない自分が
こんなことを言うのはおこがましいけど
極限状態の中で〝手芸〟を
することは
生きる力と尊厳を
取り戻す行為だったに違いない

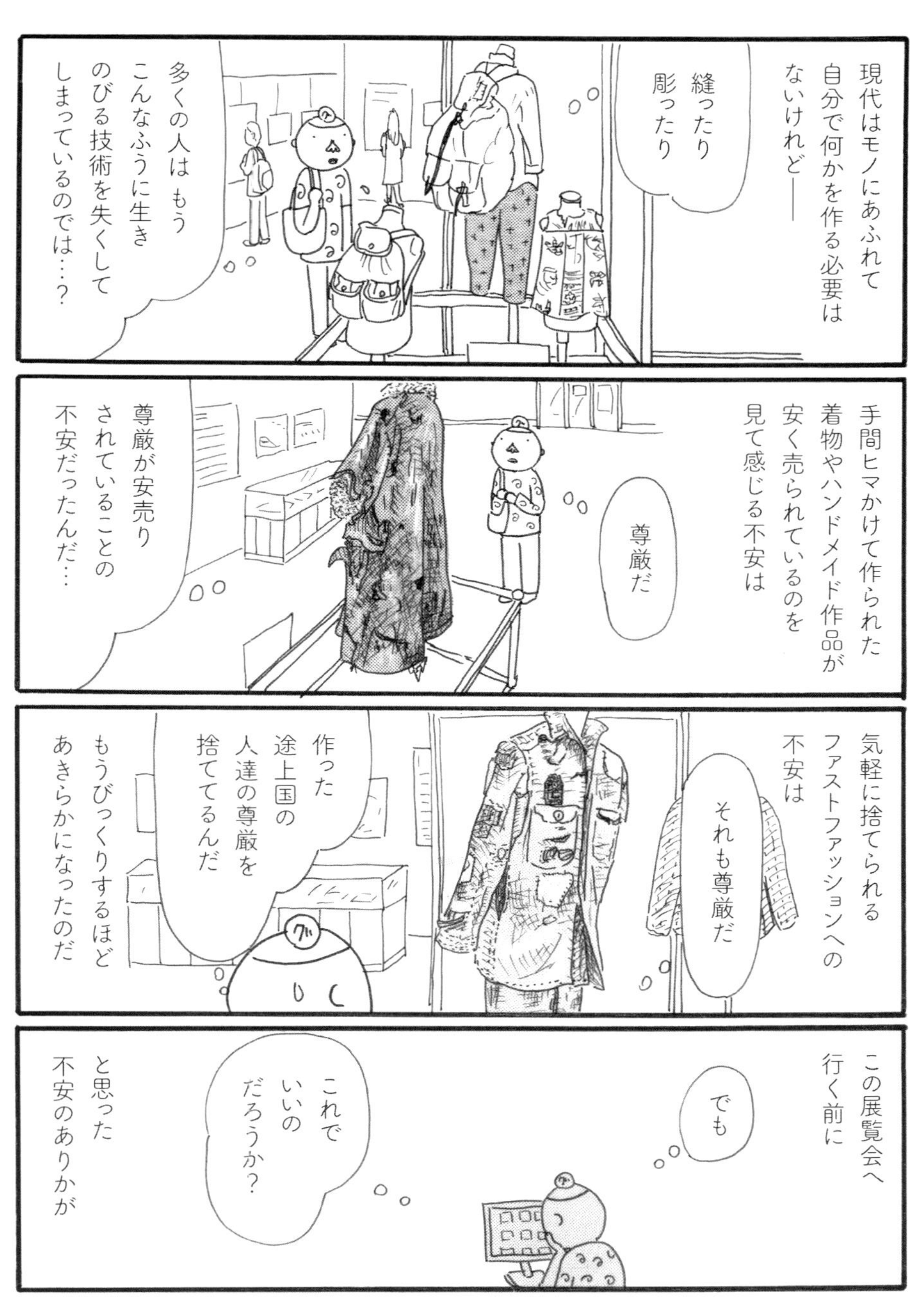
現代はモノにあふれて
自分で何かを作る必要は
ないけれど——
縫ったり
彫ったり
多くの人は もう
こんなふうに生き
のびる技術を失くして
しまっているのでは…？
手間ヒマかけて作られた
着物やハンドメイド作品が
安く売られているのを
見て感じる不安は
尊厳だ
尊厳が安売り
されていることの
不安だったんだ…
気軽に捨てられる
ファストファッションへの
不安は
それも尊厳だ
作った
途上国の
人達の尊厳を
捨ててるんだ
もうびっくりするほど
あきらかになったのだ
この展覧会へ
行く前に
でも
これで
いいの
だろうか？
と思った
不安のありかが

不安のありかはわかったけど……
どうも
ありがとう
ございました
東京の
平和祈念
展示資料館へも ぜひ
いらっしゃって下さい
入場
無料です

うわー
あっつう…
もう
9月やのに…
では実際に
どうしたらいいのだろう？

ファストファッションの
不買運動する
とか？
いやいや

ファストファッションの服
売れなくなったら
まっ先に仕事失くすん
工場で働く人たちちゃん

……
私
ひとりで何が
できるやろ？

わからない
……
でも

何だか最近
戦争の影が濃い
うん
私は手芸を続けよう
戦争が終わるよう
戦争が始まらないよう
祈りながら
ミケ ただいま
なんや さっそく手芸かいな
うーん
のび〜
ずっと
生きていく技術をもっとみがくん
うん
ふーん
手芸中毒のままでいよう

平和祈念展示資料館（愛称／帰還者のたちの記憶ミュージアム）
〒163-0233 東京都新宿区新宿2-6-1 新宿住友ビル33F
開館時間／9:30〜17:30（入館は17:00まで）
休館／月曜、年末年始、新宿住友ビル全館休館日
入館料／無料
HP／https://www.heiwakinen.go.jp/

日本ホビーショーへ行こう！

一緒に行ったのは
今回で48回目やて
長年東京に住んでるけど初めて来たわ
古くからの友達
大阪出身のイラストレーター　森 優子さん
森さんは着物好きで（リメイクじゃなくて着る専門）実はこの4日前
あああ この前着物断捨離したばっかりやのに～
この帯好き～
ハァハァ
うふふ
まあまあ落ちついて
一緒に着物魔境 東寺の弘法市へ行ったばかり
そして今日の東京ビッグサイトは少し歩いただけで
Tulip
ジャノメ
フジックス
オリムパス製糸
JUKI
ハマナカ
D・M・C
クラフトハートトーカイ
ブティック社
日本紐釦貿易
日本ヴォーグ社
ジャノメ
うわーッ 手芸中毒者にはおなじみの店がいっぱい！
ハァハァ
うふふ
まあまあ落ちついて
ここって手芸魔境やん！
ということに気付く

とりあえずミグラテールのブース行ってみよ
うん
あ
あった
ハァ
ハァ
何かのワークショップ中
今回の日本ホビーショーのテーマは〝ハンドメイドの旅に出よう〟ということで
世界各地の手仕事にまつわる本が展示販売されていて
あああここもまた魔境
ハァ
ハァ
おちついて
あどうもグレゴリさん
あ中村さん
「手芸中毒」の原画展示してますよー
ミグラテールの担当編集者である
けっこうじ〜っと見て行かれる方いますすよ
へー
特に刺繍でできたタイトル
えっホント？
関係ないけど漫画をホメられるとなぜか
ななんかすいません…
うれしいけど
テレくさい
という気持ちになるけど手芸作品をホメられると——
ホラ使ってるでめちゃ気に入ってる
えーホンマうれしー
——って手離しでうれしいのはなぜなんだろう…？

――とまあ それはさておき
ウチのブースでは
物販もしています
あっ これミグラ
テールのサイトで
紹介されてた
HARAPPAっていう
工場の会津木綿！
あら
いい色
きゃー ホンマいい色
手ざわりもいい！
ハギレも売ってる
いろいろ
選べて1500円！
きゃー 選ぶー買うー
待って！
え
もう箱の中には
ハギレで一杯よ！
いったい私たちを
いつ使ってくれるの？
なのに
わざわざ
またハギレを
買っちゃう
の!? ねぇ…
……
森さん…
うしろで
我が家の
ハギレの
叫びを
代弁
するの
やめて…
うふふふ
ハァー 買っちゃった
会津木綿♡
ホク
ホク
あ
見てあの
お店めちゃ
人がいる
すず
なり！

何かと思えば とある
手芸店の店先に
インド刺繍リボン
→が売られていた
それはサリーのふちに
つけるリボンで
これがもういろんな
色柄があり
これね
ちょっ 1m
380円やて
いや
これは安いわ
ほしいわ
買うわ
1m 380円
このインドリボン
見れば見るほど
すずなりの一部に
な…
なんか
どれもこれも
ほしい!
私も!
——となってしまう
魔性の魅力があり
なんとか数本にしぼり
こんで並んでいると
森さんの
持ってるそれ
私も買う
あのー
3mで
切り→
リボン一巻持って行って
切ってもらうシステム
すごい行列
OK
持っていらっしゃる
そのリボン
私もほしいので
切られたら
回してもらえ
ますか?
あら?
もちろん!
その青いの

あのっすいません 私も
そのリボン
見せて下さい
赤いの
あら
どーぞ
どーぞ
目移り
して
しまい
ますね
ホントに
ところでこのリボン
使って何を作られるの
ですか？
私は
こんな
風に
造花を
わー
リボンが
花びら！
きれい！
初対面の通りすがりの
者同士で何だか
お二人は？
考え中
うふふ
私は
服につけ
ようかな
わきあいあい…
やっぱりここに
来る人って
手芸好きの
方ばかり
ですよね
うんうん
犬の散歩
してる者同士
が初対面でも
話が通じる
のに似てるかな
すごいたとえ
うふふ
そう思うと——
ここにいるこんな
たくさんの人が
女性が大多数
これから素材を
買って何かを
作ろうと
してる
んや
何という膨大な
創作と工夫のエネルギーが
渦巻いているのだろう…
それにしても素材を
提供するお店の
本当に多いこと!!
ずらずら〜
日本って
もしかして
手芸
大国!?
と思わずにいられない

そしてそのあと
この"金亀"の"つよい糸"綿100%でええで
めっちゃつよいネーミングやな
亀のイラストかわいい♡
アンティークのお店まで出れるん反則とちゃうん!?
ひたすら素材を物色し──
きゃービーズお買得価格!
すごい種類
おフランス製アンティークボタン買った
結局開場してから閉場までずっといてました
でもアッという間やったー
うんうんあんまり手芸せーへん私でもすごい楽しかった
ぷは
ぷは
なんかいい素材見つけるとどうやってそれを活かすかってこと考えて楽しくなるな!
でしょーでしょー
素材と出会った時から手芸は始まってるねん!
ふんっ
まあ今日は手芸中毒になる人の気持ちわかったわ
そんなワケで異様に楽しかった日本ホビーショーであった
その後森さんからこんな画像が届いた
インドリボンちゃんデビューざます
帯にリボン!
ぬううやるな!

あとがき

手芸中毒者のあやしい漫画を最後までお読みいただき、ありがとうございます。少しでも手芸をしてみたいな、という気持ちになってくださったら、うれしいです。

さて、あとがきを描くにあたり、自分で読み返してみて、気づいたことがあった。「手芸と戦争」の回で、〝手芸は生きていく技術〟だということを描いたけど、ハッと思い出した。つい最近、生きていく技術を試されたことがあったではないか！

そう、コロナ。

店頭からマスクが消えて、すごい騒ぎになった。パニック、といっていいくらいの騒ぎで、マスクという小さなものを作れない人がいかに多いか、ということがあらわになった。作れない人をバカにしているわけじゃない。物は作るものでなく、買うもの、というのが普通で、マスクを作る技術などなくても、問題なく生きられる社会だったからだ。しかしその時私は、「マスクがなければ作ればいいじゃない」と、「ケーキがなければパンを食べればいいじゃない」的に、エラソーに思った。ところがその時、私はマスクを作れなかったのである。たまたま仕事が立て込んでいて、マスクを作る時間を作れなかったのだ。

ああ、仕事を持っていると、日用品を手作りする時間などなかなか取れないこの社会……。

そんな時、母からマスクが届いた。マスクが売ってないと知るや、家にあったガーゼのハンカチやハギレですぐさま作った母。縫製という技術も、時間もある母。強い、と思った（ちなみに私も、仕事がひと段落着いたら、マスク、作りに作った。マスクに刺繍までした）。

思えばあのマスク騒動は、手芸界における歴史的な大事件だったと思う。ミシンが飛ぶように売れ、普段は静かだった手芸店に、布とゴムひもを求める人が押し寄せた。普段手芸店で買い物をしない不慣れなお客さんとのやり取りと感染リスクの高さで、手芸店で働く人が悲鳴を上げている、というニュースもあった（普段から手芸をしている人ならば、家にいくらでもハギレのストックはあるだろうから、手芸になじみの薄い人が手芸店に向かったと思われる）。こんなに多くの人が一斉に手芸を始めたのである。どんなSF作家でも、こんな未来を予測できなかっただろう。

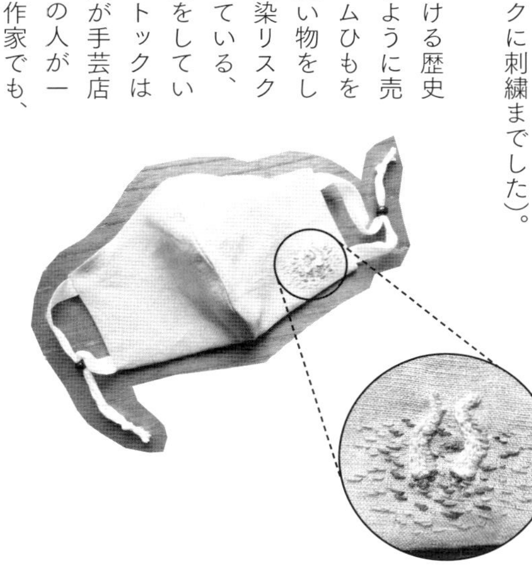

そのうちに、店頭になかったマスクが並び始め、今ではマスクをつける人もだいぶ少なくなった。あの時、手芸を始めた人は、今も手芸をしているだろうか？

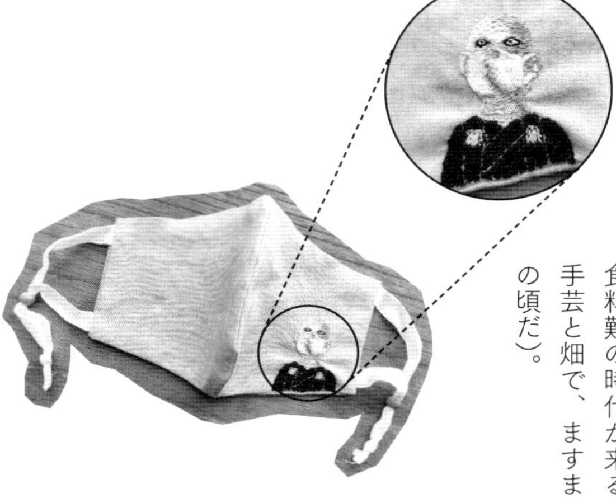

作っている時の、無心になる心、出来上がった、それこそ、世界に一つだけの作品。それが日常にちゃんと役立つうれしさ。そういえば、テレビ番組の「ソーイング・ビー」で、ソーイングを始めたのは、コロナ禍の時にマスクを作ったのがきっかけだったという出場者がいたっけ。コロナというパンデミックが起こり、手芸中毒者が増えた……。こんな未来を予測した人も、やっぱりいないのではないだろうか？　今の世界、何が起こるのかわからない。本当にわからない。手芸はもちろん、衣食住に関する手仕事の〝生きていく技術〟は、磨いておいたほうがいい、と思う今日この頃だ（ちなみに、ウクライナでの戦争が始まってから、食料難の時代が来るような気がして、畑仕事にも力を入れるようになり、手芸と畑で、ますます漫画を描く時間が圧迫されるようになった今日この頃だ）。

手芸をして、手芸漫画を描いて、「手仕事」の価値について、いろいろ思うことが増えてきた。「手芸と戦争」の回で、私は何をすればいいのだろう、手仕事の尊厳のためにできること、と書いたけど、それは今でもわからない。「戦争が終わるよう　戦争が始まらないよう　祈りながら　ずっと手芸中毒のままでいよう」と書いたけど、祈るだけではあかんやろ、と最近思う。では、どうすればいいのか、といえば、やっぱりわからない。漫画を描いて、わからないことが増えた。「手芸」

で何ができるのか？「手芸」のことについて、考えることや、その可能性をさぐることは、まだまだありそうだ。その前に、まずは刺繍をしたり、着物リメイクをしたりして、無心になって気持ちを整えよう。

最後に、漫画に登場してくださった方々、ありがとうございました。編集者の中村智樹さん、デザイナーの佐藤アキラさんはじめ、製作スタッフ、販売スタッフの方にもお礼申し上げます。ツッコミ役のミケにも感謝です。さーて、次は何作ろうかな。

グレゴリ青山

グレゴリ青山
1966年京都生まれ。漫画やイラストを描いているが、隙あらば布と糸にさわりたがる手芸中毒者。実は実家はカバン製造業だった。著作に『京都深掘りさんぽ』『グレさんぽ コロナとか養蜂とか京都とか』『京博 深掘りさんぽ』（いずれも小学館刊）等、多数。

ブックデザイン　佐藤アキラ

ある手芸中毒者の告白
ひそかな愉しみと不安 縫い欲にまみれたその日常

2025年 2 月17日　発　行　　NDC594
2025年 6 月10日　第３刷

著　　者　グレゴリ青山
発 行 者　小川雄一
発 行 所　株式会社 誠文堂新光社
〒113-0033 東京都文京区本郷3-3-11
https://www.seibundo-shinkosha.net/
印 刷 所　株式会社 大熊整美堂
製 本 所　和光堂 株式会社

ISBN978-4-416-52407-7